经营战略对
财务绩效的影响

张 璐 著

中国社会出版社

国家一级出版社·全国百佳图书出版单位

图书在版编目（CIP）数据

经营战略对财务绩效的影响 / 张璐著. -- 北京：
中国社会出版社，2020.6
ISBN 978 - 7 - 5087 - 6359 - 0

Ⅰ.①经… Ⅱ.①张… Ⅲ.①企业管理—战略管理—
影响—企业绩效—研究 Ⅳ.①F272

中国版本图书馆 CIP 数据核字（2020）第 093685 号

书　　　名：	经营战略对财务绩效的影响
著　　　者：	张　璐

出 版 人：浦善新
终 审 人：尤永弘
责任编辑：陈贵红

出版发行：中国社会出版社　　　　　邮政编码：100032
通联方式：北京市西城区二龙路甲 33 号
电　　话：编辑部：（010）58124828
　　　　　邮购部：（010）58124848
　　　　　销售部：（010）58124845
　　　　　传　真：（010）58124856
网　　址：www.shcbs.com.cm
　　　　　shcbs.mca.gov.cn
经　　销：各地新华书店

中国社会出版社天猫旗舰店

印刷装订：三河市华东印刷有限公司
开　　本：170mm×240mm　1/16
印　　张：16
字　　数：200 千字
版　　次：2020 年 6 月第 1 版
印　　次：2020 年 6 月第 1 次印刷
定　　价：58.00 元

中国社会出版社微信公众号

前　言

经济全球化、顾客多元化、新兴信息技术进步、产品寿命缩短等态势不仅加剧了激烈的市场竞争，并且引发了企业商业模式的深刻变革。在这样的经济商业环境下，合理运行管理控制系统是增加财务绩效和确保企业竞争优势的必备条件。管理控制系统既要与经营战略相适应，同时也要增强企业的组织能力，以建立长期的可持续发展。

本书基于资源基础理论和权变理论，以韩国上市公司为研究对象，主要考察了经营战略、交互控制系统、组织能力和财务绩效的内在机理，以及交互控制系统和组织能力在经营战略与财务绩效间的中介作用，不但具有学术上的理论意义，更具备指导性的实践价值。研究中，交互控制系统采取交互式的绩效评价系统和预算系统；组织能力划分为企业家精神和组织敏捷性两个方面。经营战略从前瞻型战略和防守型战略两个方面研究。所有问卷题项采用了西方经典文献已经使用过的英文量表，所有测量工具均采用李克特七级量表。通过 Smart – PLS 对最终的有效问卷数据进行研究假设检验。

实证研究发现：首先，前瞻型战略能显著地加强企业对交互控制系统的应用，防守型战略能显著地抑制企业对交互预算系统的应用。其次，交互控制系统能显著地提高企业家精神和组织敏捷性等组织能力。此外，交互控制系统在前瞻型战略与组织能力间起到中介角色；交互预算系统在防守型战略与组织能力间起到中介角色；组织敏捷性在交互控制系统与财务绩效间起到中介角色。然而，未发现企业家精神在交互控制系统与财务绩效间的中介效应。

本书的创新：第一，将经典的迈尔斯和斯诺战略引入管理控制系统研究，分析经营战略与交互控制系统的关联性，讨论如何匹配战略类型与交互控制系统的共同作用提高组织能力，丰富和发展了管理控制系统理论。第二，基于资源基础理论，以企业所正在关心的企业家精神和组织敏捷性为话题，将其引入且建构研究模型。并在此基础上，通过结构方程模型方法，分析了组织能力在交互控制系统与绩效间的中介作用，从而阐述管理控制系统的经济后果且提供实证依据。第三，统观全书，本实证研究结果有助于管理者重视自下而上的层级沟通，在运行和应用管理控制系统时，重视和挖掘组织成员自主性的机制，并且通过交互模式的运营更深入优化管理制度，进一步提高管控效果。当然，本书仍存在一定的局限性，如尚未考虑组织规模、环境不确定性等权变变量，且样本局限等，后续研究中将形成更全面的研究模型，以求进一步完善。

张　璐

2020 年 2 月

目 录
CONTENTS

第一章

绪　论

　　在当前商业环境和经济情境下，如何通过内部管理的优化提高企业发展质量已经成为企业亟须解决的一项重要课题。管理控制系统如何作用于财务绩效，仍是一个需要攻克的难题。企业战略如何选择合适的控制系统，企业通过何种控制系统影响财务绩效，影响财务绩效的过程中会借由哪些因素的中介作用，这些都是本书将要解决的问题。本章作为绪论，将主要介绍选题的背景和研究目的，用以提出研究问题和研究意义，在此基础上形成具体的研究内容的框架。最后描述研究的基本途径，包括研究样本、搜集渠道和研究方法等。

第一节　选题背景与问题提出

　　人工智能、工业机器人和物联网等技术进步，将开启制造业的新纪元。创新的商业模式已经使许多因循守旧的传统行业陷入经营困境，盈利能力锐降，资产快速贬值，甚至危及企业的持续经营能力（黄世忠，2018）。尽管企业拥有巨大财力，但是仍存在信息种类杂、有用信息孤岛化的内部管理乱问题，特别在绩效考核方面仍然受到社会公众的诟病（于增彪等，2014）。

在剧烈多变的外部商业环境中，企业为了生存与发展，积极地应对环境变化和确保竞争优势。在这一过程中，企业构建和商业环境相适宜的经营战略，并且设计和采用合适的管理控制系统（management control system，MCS）进行日常运营管理。以往研究主要侧重在探究经营战略和企业绩效的关联性方面的研究（古普塔和戈文达拉扬，1984；卡普兰和诺顿，1992），以及关于在有效提高企业绩效和执行战略时企业实施MCS 重要性方面的研究（阿伯内西和格思里，1994）。

MCS 是帮助管理者追踪经营战略是否有效实施的一种正式系统。MCS 能够激励企业的组织成员，能够提供关于评价、学习及控制的重要信息，以便实现经营战略、战略目标和提升企业绩效（西蒙斯，1995）。

琴霍尔（Chenhall，2005）不仅指出经营战略要与 MCS 相匹配，更指出 MCS 在战略执行的过程中，为了扩大竞争优势必须要增强企业的组织能力。亨利（Henri，2006）指出合理地采取管理控制系统进行运营，能够贡献于组织能力的激发与提高。另外，资源基础理论（resource-based view，RBV）认为，企业的成功并非由其外部的环境因素所决定的，而是取决于企业内部的固有资源，即组织能力。这种组织能力是有价值的、稀缺的、竞争对手难以模仿和不可替代的，是价值创造的根本原因（巴尼，1991；亨利，2006）。

根据资源基础理论，组织能力一般包括：市场导向性（market orientation）、创新性（innovativeness）、组织学习（organizational learning）、组织敏捷性（organizational agility）和企业家精神（entrepreneurship）等方面（亨利，2006；赫尔特和凯琴，2001）。美国商业杂志《福布斯》在2013年1月刊登出的一篇分析文章指出，欠缺企业家精神是早期的经济大国日本近年间经济衰退的主要原因。在1981—1983年间，麦肯锡咨询公司进行了一个调查，探究了美国经济增长最快的100家中型成长公司（收入在2500万~10亿美元间），发现这些成长公司的销售额、利润增长率和就业机会都是财富世界500强企业的3倍，业绩最好的是生产和销售家具、生产优质瓷瓶和书写用具的公司。这些公司高速增长的原因就在于他们具有企业家精神，并进行企业创新（丁栋虹，2015）。同时，基于麦肯锡咨询公司的调查发现，随着时间的推移，90%的高层管理者认为，组织敏捷性对商业成功来说是至关重要的因素。可见企业家精神和组织敏捷性在改善国家经济的过程中发挥着关键作用，近来受到西方学界和业界的广泛关注。因此，为了弥补现有研究侧重于探讨市场导向性、组织学习和创新性等组织能力的缺陷，本书将重点关注企业家精神和组织敏捷性两方面，并且将其作为主要研究变量。

经营战略采取迈尔斯和斯诺（1978）所指出的位于连续集两端的前瞻型战略和防守型战略。前瞻型战略是指强调创新，重视探索新机会，注重多元化产品和市场的一种经营战略。而防御型战略是指重视现有产品和市场份额的维持，强调组织内现有能力的发挥，通过提高运营效率和规模经济构筑防御壁垒以阻止竞争者进入的一种经营战略。此外，MCS一般大体细分为绩效评价系统（performance measurement system，PMS）、预算系统和项目管理系统三个方面（Bisbe and Otley，2004）。以往文献侧重于探讨PMS方面的研究，为了弥补缺陷，本书将聚焦在PMS和预算系统两方面。

根据西蒙斯（Simons，1995）研究，MCS模式大体可以分为诊断控制系统（diagnostic control system）和交互控制系统（interactive control system）。交互控制系统是指持续关注外界变化的环境不确定性，促进管理者与组织成员间的对话，激发新战略出现的一种管理模式。诊断控制系统则是指管理者用来监视组织成果和纠正业绩指标偏离的一种管理模式（亨利，2006）。诊断控制系统作为一种传统控制杠杆在企业中存在已久，因此，本书在交互控制系统的大框架下，侧重于绩效评价系统和预算系统，采取交互绩效评价系统和交互预算系统进行考察。

若要有效实施绩效评价，不仅要关注指标方法的设计，更要研究其内在的运行机制以实现对企业的有效管理（杜荣瑞等，2009）。然而，以往研究仍局限在对管理控制系统类型的表层描述，而欠缺对管理控制系统使用方式的评价（孟焰等，2014；王满和姜洪涛，2018），尚未从资源基础观的角度来考虑其有效性问题。并且对交互控制系统机理的揭示尚停留在定性分析层面，忽视了交互控制系统对结果变量的定量分析（张先治等，2017；王满和姜洪涛，2018），未能从根源上解释交互式管理的沟通特征和有效运行。

基于竞争日益激烈的情境，管理者越来越意识到需要树立经营战略，实施与战略相适宜的MCS的重要性。本书推断企业通过采取交互控制系统，有助于管理者重视自下而上的层级沟通、信息共享和机会探索，促进企业的洞察力，进而强化组织能力，从而提高企业的财务绩效。

鉴于此，针对现有研究的不足，本书拟采用实证研究方法，运用资源基础理论对经营战略、交互控制系统、组织能力和财务绩效间的关系进行探讨，探究四者间的内在机理，以及交互控制系统和组织能力的中介作用,以破解当前企业质量发展不平衡、不协调、不可持续等突出矛盾,为实现企业高质量发展提供指引。具体而言,本书的研究目的如下:第一,考察经营战略是否影响交互控制系统;第二,检验交互控制系统是否影响组织能力;第三,探究组织能力是否影响财务绩效;第四,研究交互控制系统在经营战略与组织能力间是否起到中介角色;第五,分析组织能力在交互控制系统与财务绩效间是否起到中介角色。

第二节 主要内容与研究方法

本书属于应用理论的演绎研究,包括理论和实证两个部分。在理论部分,首先通过文献分析法对以往文献进行回顾和评述,以发现研究的不足;同时为选题寻找证据。具体而言,本书围绕经营战略、交互控制系统、组织能力和财务绩效的研究现状进行了总结性的整理和评价。接着对与选题相关的理论进行阐述,并以此推导出假设,从而形成理论模型的根本和基础。基于研究模型,采用收集的问卷资料通过实证检验揭示分析结果。

遵循基本的管理学研究范式和论文写作范式,本书从五个章节系统地论证研究的论点。

第一章是绪论,介绍了选题的必要性,研究背景和研究目的,研究方法和研究范围,以及研究整体结构和框架。

第二章是研究综述,介绍了与研究相关的理论背景。对经营战略、交互控制系统、组织能力和财务绩效进行理论回顾和整理,并且根据变量之间关系的综述,提出研究假设。

第三章是案例分析，选取国内外管理控制系统典型案例，分析管理控制应用、经济后果现状及其成因，为进一步研究经营战略对财务绩效的影响机制提供基础数据及逻辑起点。

第四章是实证分析，通过收集的问卷数据来检验研究假设。首先进行了信度与效度检验，描述性统计分析和相关分析，然后利用偏最小二乘法（Partial Least Squares，PLS）进行假设验证并揭示研究结果。

第五章是研究结论，综合地总结和概括研究结论，提出研究启示，理论上的研究意义和实践上的研究意义。并且最后揭示本书的局限性和未来的研究方向。

在实证部分，对于数据采集方法，本书对研究变量的测量采用的是量表工具，因此采取问卷调查法进行主观性的评价。本书以企业管理者为调查对象，选取了韩国信用评价（株）上市企业中 Kis – Value 上行业分类为制造业的销售额前 400 企业作为研究样本。本书采取邮寄发放问卷的形式回收数据。问卷设计不仅包括主要研究变量的测量，还询问了被填答者的基本特征。

在检验假设中，主要使用了信度与效度分析，探索性因子分析、验证性因子分析、相关分析以及结构方程模型分析等方法。其中，运用平均提取方差值和决定系数（R – Square）值计算了模型拟合度来检验模型的解释度，运用拔靴法（Bootstrapping）来进行模型的路径检验，以便验证假设。所使用的软件工具有 SAS 9.3 和 Smart – PLS 2.0。

第二章

文献综述

文献综述是对已有研究的回顾、总结和评价。本章在相关理论的基础上，回顾了主要变量的概念、类型、特征和影响成因分析，包括经营战略、交互控制系统、企业家精神和组织敏捷性，以及梳理各领域的发展脉络和研究现状。最后收集国内外组织能力实例进行案例分析。为本书的理论框架和假设的提出建立理论基础和科学依据。

第一节　资源基础理论

并非企业的所有资源都能成为持续竞争优势的来源，要做到这一点，某项资源必须具有以下四个属性：（1）必须是有价值的，即能利用环境中存在的机会和/或化解环境中的威胁；（2）必须是稀缺的，这种稀缺性在企业所面临的当前竞争和潜在竞争中都是一贯的；（3）必须是不可能完全模仿的；（4）必须能被企业的组织过程加以开发利用。这些属性被看作是企业资源在多大程度上是异质性的和难以流动的指标，因此也是了解这些资源在多大程度上能对创造持续竞争优势有所贡献的指示器。以下将对资源的这些属性逐一进行探讨。

1. 有价值的资源

资源只有在有价值时才有可能成为竞争优势或持续竞争优势的来源。资源的价值表现在能有助于企业构建和实施能提升效率和效能的战略。传统的 SWOT 模型认为只有在战略能开发机会或化解威胁时，企业绩效才能得以提升。企业属性也有可能有其他特征（如稀缺、不可模仿以及组织能力/过程）使这些属性成为竞争优势的来源，但是这些属性只有在它们开发机会或化解威胁时才是有价值的资源。

2. 稀缺的资源

由众多存在彼此竞争或潜在竞争关系的企业控制的有价值资源不可能成为竞争优势或持续竞争优势的来源。只有当企业比产业里的边际企业创造出更多经济价值时才具有竞争优势，这意味着，如果某项特定的有价值资源为众多企业所拥有，则每家企业都有能力以同样的方式开发这项资源，实施同样的战略，结果是没有一家企业能取得竞争优势。

同样的逻辑也适用于分析用来构建和实施战略的一组有价值的资源。某些战略需要一组特定的物质资源、财务资源、人力资源和组织资源来支持实施。汉布里克（Hambrick，1987）指出管理能力几乎是所有战略实施中都需要的一种资源。如果这组特定的资源不是稀缺的，则众多企业都能构建和实施我们所谈论的战略，因此，它们就无法成为竞争优势的来源——即便我们所谈到的这些资源是有价值的。

认识到竞争优势（无论是持续的还是非持续的）只会为那些拥有有价值且稀缺的资源的企业所享有，并不意味着普通的（即非稀缺的）资源不重要。相反，这些有价值但普通的资源可有助于企业在产业竞争中获得竞争均势，使企业在竞争中得以存活下去（巴尼，1989）。波特（Porter，1980）和麦凯尔维（Mckelvey，1982）指出在竞争均势的情形下，尽管没有一家企业可以获得竞争优势，但企业却能提高它们的生存概率，这一点是毋庸置疑的。

有价值的企业资源到底要多稀缺才有可能给企业创造竞争优势？这是个难以回答的问题。如果企业的某项资源在所有存在竞争和潜在竞争关系的企业间是独一无二的，则我们可以确认该资源至少能给企业创造竞争优势，或许也可能帮企业创造出持续的竞争优势。并且，如果只有为数不多的企业拥有某项有价值的资源，该资源仍可能产生竞争优势。一般来说，只有拥有某项有价值资源（或一组有价值的资源）的企业数目少于使该产业变成完全竞争状态时的企业数目，则该资源就有可能给企业带来竞争优势。

3. 不可能完全模仿的资源

有价值且稀缺的组织资源可能是竞争优势的来源。的确，拥有此类资源的企业往往是战略革新者，因为它们能构建和从事其他企业或者无法构建，或者无法实施，或者既无法构建也无法实施的战略，这是因为其他企业缺乏相应的资源支持。谈到有价值且稀缺的组织资源可能作为竞争优势的来源，其实是具有此类资源的企业可以获得先动者优势的另一种表述。

但是，有价值且稀缺的组织资源只有在它们无法被其他企业通过直接复制或替代的方式获得时，才可能成为持续的竞争优势的资源。用李普曼和鲁梅尔特与巴尼的话说，这些资源是不可能完全模仿的。那么，竞争对手在模仿某资源时为什么会处于成本劣势呢？

企业资源之所以不可能完全模仿（或模仿成本高），是受以下三个原因影响的：①企业获取某资源的能力有赖于独特的历史条件；②企业所控资源与其持续的竞争优势之间的因果关系不明；③创造竞争优势的资源具有社会复杂性。

(1) 独特的历史条件

除去资源同质性与流动性假设外，多数竞争优势环境模型的另外一个假设是，企业绩效不受特定的历史因素和其他企业异质性特征影响。这些学者很少否认各个企业具有各不相同的历史，但他们认为这些独特的历史与理解企业的绩效并无关系。

并非只有资源基础理论的研究学者们认识到历史在影响企业绩效和竞争中的重要性。传统的战略学者常常以企业创办时的独特历史条件，或新的管理团队接管企业时的独特情景为例，来说明影响企业长期绩效的重要决定因素。此外，多位经济学家（如戴维，1985）也发展出了强调独特历史事件的企业绩效模型，作为影响后续行动的决定因素借助于经济绩效的路径依赖模型。这些学者指出，企业绩效并非仅取决于在特定时点上企业所处的产业结构特征，以及在该产业中的位置，同时也取决于企业以何种历史路径发展到今天的位置。如果企业由于历史上的独特路径获得了有价值且稀缺的资源，则就可能开发这些资源来实施其他企业无法模仿的，能给企业带来价值创造的战略，因为缺乏此历史路径的其他企业无法获得战略实施所需的资源。

里卡多（Ricardo，1966）认为对于企业的地理位置这种资源而言，若某企业所处位置的价值远高于当初选址时的预期，则我们就说该企业具有不可能完全模仿的物质资本资源。科学家个人人力资本的历史依赖特征有可能使企业获得重大的科技创新，企业拥有这种科学家即拥有一种完全不可模仿的资源。类似地，由创建初期培养而来的独特的、有价值的组织文化也可能带给企业一种完全不可模仿的优势（朱克，1977；巴尼，1986）。

（2）因果模糊性

如果企业资源与其竞争优势间的关系很难被弄清楚的话，则对于那些试图通过模仿资源来复制成功企业战略的企业而言，这种模仿是非常困难的，因为根本就不知道该模仿哪些资源。模仿企业首先必须知道成功企业的资源大体是什么样的，但是在因果模糊性的情况下，我们不清楚那些能被描述的资源是否就是那些能给企业带来持续竞争优势的资源，或者说，我们无法确定竞争优势是不是一些其他不可被描述资源的反映。如德姆塞茨（Demsetz，1973）所言，有时很难理解为何某企业总比其他企业做得更好。因果模糊性是这一问题的核心。面对因果模糊性，模仿者们根本不知道如何才能模仿那些有着持续竞争优势企业的战略。

李普曼和鲁梅尔特（Lippman and Rumelt，1982）指出要成为持续竞争优势的来源，无论对于那些拥有创造竞争优势的资源的企业，还是对于那些没有但寻求模仿此类资源的企业，它们必须面临同样水平因果模糊性的制约。如果拥有资源的企业比那些不具备同类资源的企业对资源之于竞争优势的影响了解更多，则那些没有资源的企业可以通过一系列活动来减少它们在理解上的劣势。例如，通过挖走优势企业的知情人员，或者对其他企业成功加以系统、仔细研究。尽管取得这类知识通常要花费很多的时间与精力，但一旦企业资源与其实施战略的能力间的关系为众多竞争企业所知，因果模糊性亦不复存在了，因而也不再成为不可模仿的来源。换句话说，如果具有竞争优势的企业了解其所控制的资源与竞争优势间的联系，则其他企业也能获悉这种联系，并获取所需的资源（假定这些资源并非由于其他原因而不宜模仿），实施相关的战略。在这种情况下，企业的竞争优势就由于可被模仿而变得无法持续维持。

　　另一方面，如果具有竞争优势的企业不比缺乏竞争优势的企业更了解其竞争优势的来源，则这种竞争优势就可能是可持续的，因为它并非是容易模仿的（李普曼和鲁梅尔特，1982）。颇有讽刺意义的是，因果模糊性要成为持续竞争优势的一个来源，要求所有彼此竞争的企业对企业资源与竞争优势间的联系都缺乏完全的了解。如果某家企业知晓而其他企业不知晓这种联系，长期来看，该信息会在所有竞争者中传播、扩散，因此因果模糊性以及基于因果模糊性的不完全可模仿性就不复存在了。

　　首先，看起来不大可能具有竞争优势的企业不完全了解其优势的来源。然而，鉴于企业资源与竞争优势间异常复杂的关系，这种"不完全了解"的说法，也不是没道理的。企业所控制的资源是非常复杂且相互依赖的，通常，这些资源是隐性的，也常为管理层所忽视的，因为明确、详细地把它们表述清楚是很困难的（波拉尼，1962；温特，1987）。大量资源——无论是和其他资源交互作用，还是独立地发挥作用——对持续竞争优势的创造都有贡献。尽管经理们对哪些资源带来了企业竞争优势有着无数猜想，但这些猜想都无法得到严谨验证。只要对持续竞争优势的来源存在着无数种说法，企业所控制的资源与持续竞争优势间的关系在某种程度上就是模棱两可的，因而就无法知晓该模仿企业的哪些资源。

　　以下三种情况可能使管理人员无法完全了解竞争优势的来源：①资源和能力是那些想当然的组织特性或无形资产（Itami，1987），如高管人员的团队合作、组织文化、与供应商和客户的关系等；②管理人员无法识别企业的哪些资源或能力确确实实创造了竞争优势；③资源和能力表现为个体、团体和技术等彼此间的关系构成的复杂网络。一旦关于竞争优势来源的信息在人群、区域和企业流程间扩散了，这些竞争优势的来源就变得易于识别和模仿了。

（3）社会复杂性

导致企业资源不可能完全模仿的第三个原因是，这些资源可能是些非常复杂的社会现象，以至于超出了企业系统化管理与作用的能力。如果竞争优势是基于此类复杂的社会现象而存在的，则其他企业模仿这些资源的能力将大受限制。

很多企业资源表现为很强的社会复杂性，例如公司管理层之间的人际关系、公司文化、在供应商和客户中的声誉等。需要说明的是，上述大多数情况下，确切地阐述这些具有社会复杂性的资源如何帮助企业创造价值并不是件难事，因此，这些企业资源与竞争优势之间极少或根本不存在因果模糊性的关系。但知道某项资源（比方说，管理层之间存在的企业文化）可以提升企业的效率和效能，并不意味着缺乏这些资源的企业可以通过系统的努力来取得它们。对大多数企业而言，这种"社会工程技术"很难在当下实现。由于这类具有社会复杂性的资源难以直接管理，因而它们是不可能完全模仿的资源。

需要说明的是，那些复杂的有形技术并不包括在我们讨论的这类不完全可模仿资源之中。一般而言，有形技术——无论是表现为工厂中的机器人还是精密机床，抑或复杂的信息管理系统——本身并不是不可模仿的，如果某企业可以买到这些有形的生产技术并实施相应的战略，则其他企业也能采购到这些实物资源，因而这些有形技术不大可能成为持续竞争优势的来源。

另一方面，对有形技术的利用往往涉及社会复杂性资源的使用。可能很多家企业同时持有某一有形技术，但只有一家企业具有开发这些技术所需的社会关系、文化和传统等，因而只有该企业才可以安全利用这项技术来实施战略，如果这些复杂社会性资源是无法模仿的（同时假定这些资源是有价值的、稀缺的且不存在替代品），则该企业由于比其他企业能更好地开发利用有形的技术，更有可能获得持续竞争优势——即便其他企业也有同样的有形技术。

　　尽管历史、因果模糊性、社会复杂性等都能提高其他企业模仿一个特定企业的资源的成本，但如果这些资源有替代品，且模仿这些替代品的成本并不高，则缺乏资源的企业可以通过以较低的成本模仿那些替代资源来达到模仿目标资源效应的目的。这里谈到的替代是指两种有着相同或类似战略价值的资源，它们可独立地被用于实施相同的战略。

　　假定这两种有价值资源中的一种是稀缺且不可能完全模仿的，而另外一种则不是。具有第一种资源的企业能构建和实施某种战略，如果没有其他战略意义上相当的资源，这种战略就能给企业带来持续竞争优势（因为战略中使用的资源是有价值的、稀缺的和不完全可模仿的）。但是，因为存在战略意义上的类似资源，这表明当下或潜在的竞争对手也可以实施同样的战略，只是用不同的资源以不同的方式实现。如果这些替代性资源既非稀缺也非不可模仿，则可以预计，大量企业可以构建和实施上面所谈到的战略，因而该战略就不可能创造出持续竞争优势。

　　可替代性可表现为两种形式。第一，尽管一个企业可能无法精确地模仿另一企业的资源，但它却可以用类似资源来替代目标资源，构建和实施相同的战略。例如，某企业希望通过模仿另一企业的高效的高管团队来复制后者的竞争优势，通常情况下，这种复制是难以达到百分之百效果的，但是，该企业发展出自有且独特的高管管理团队也不是不可能的。尽管这两个高管团队是不同的——不同的人、不同的工作习惯、不同的历史背景等，但它们在战略意义上可能是相当的，可以彼此替代。如果不同的高管团队是战略上的等价物，并且这些可彼此替代的高管团队普遍存在或具有很强的可模仿性，则高效的高管团队就不是持续竞争优势的来源——即便某特殊企业的特殊管理团队是有价值的、稀缺的和不能完全模仿的。

第二，彼此非常不同的企业资源同样也可以成为相互的战略替代品。例如，由于魅力型领导的存在，某企业的管理人员对公司前景可能有着非常清晰的认识；而竞争企业里的管理者们也对他们各自所在公司的前景有着非常清晰的认识，不过此共同的认识是这些企业系统、全面的战略规划过程的体现。从管理层对公司前景有着清晰认识这点看，作为企业资源的魅力型领导和同样作为资源的正式规划系统可能是战略意义上的等价物，因而可以彼此替代。如果大量竞争对手有着产生这种共同认识的正式规划系统（或者该正式规划是很容易模仿的），则来源于魅力型领导的这种共识不大可能给企业带来持续的竞争优势，即便作为资源的魅力型领导可能是稀缺且不易模仿的。

当然，企业资源的战略替代性始终是一个程度问题。然而，这些替代资源对企业的影响却颇为相似——从企业构建和实施战略的角度看，替代资源并不需要和被替代资源完全一致，只要它们能帮助企业实施同样类型的战略。如果足够多的企业具有这些有价值的替代资源（即它们不再稀缺），或者如果足够多的企业能取得这些资源（即它们是可模仿的），则这些企业中的任何一个（包括资源被替代的企业）都将无法获得持续竞争优势。

4. 组织

有价值、稀缺且不可能完全模仿的资源只有在企业有组织地利用它们潜力的时候，才能成为持续竞争优势的来源，组织流程成为实现持续竞争优势的第四个必要条件。大量组织要素影响企业能否全面地开发资源和能力的竞争潜力，这包括企业的正式报告结构、明确的管理控制系统和企业的薪酬政策。这些要素通常被称为互补性资源和能力，因为它们自身创造竞争优势的能力非常有限。但是，与其他资源及能力联合起来，它们就可以帮助企业完整地实现竞争优势。

例如，卡特彼勒公司在重工行业中，有持续的竞争优势，这在很大程度上可追溯到"二战"期间，那时的卡特彼勒就已成为盟军的主要设备供应商。但是，如果卡特彼勒的管理活动未能有效地利用"二战"中的这个机会来实施全球化的报告结构、全球化的库存和其他控制系统，以及激发员工愿意在全球范围内工作的薪酬政策，它的竞争优势潜力可能不会被完全激发出来。卡特彼勒的这些组织特性本身并不是竞争优势的来源，即采取国际化的组织形式只有在寻求全球机会时才是一种有效的组织模式。现实中，这种组织模式对于卡特彼勒挖掘其竞争优势的全部潜力是至关重要的。

类似的，沃尔玛公司（Wal - Mart）在大卖场产业里一贯的竞争优势可归因于其率先在美国南部进入农村市场。但是，如果要充分利用这种区位优势，沃尔玛需要采用恰当的报告结构、控制系统和薪酬政策。购买点（point of purchase）存货控制系统作为沃尔玛的一个组织要素，被包括凯马特公司（K - Mart）在内的众多大卖场企业所效仿，因此，这种库存控制系统不大可能是持续竞争优势的来源。然而，通过降低沃尔玛郊区营业地断货的可能性，该系统却使沃尔玛充分地利用它的区位优势。

恰当的组织可以帮助企业充分利用其自身的资源和能力，并最大限度地实现建立在这些资源与能力上的竞争优势；而一个不恰当的组织也妨碍了企业利用其有价值的、稀缺的、难以模仿的资源和能力，施乐就是一个典型的例子。

在 20 世纪 60 年代和 70 年代初期，施乐在一系列极为创新的技术研发上进行了大量投资。为管理这些研发活动，施乐在帕洛阿尔托创建了独立的研究中心——PARC，并组织了一批具有创新性的科学家和工程师在那里工作。这些施乐 PARC 的科学家和工程师开发出了一系列惊人的技术创新成果，如个人电脑、鼠标、窗口型软件、激光打印机、无纸办公以及以太网等。现在看来，这些技术的巨大市场潜力是非常清晰的。此外，因为这些技术是在施乐 PARC 被开发出来的，它们是稀缺的。如果施乐能把这些技术转化成产品，施乐本可能获得显著的先动优势，并借此提高其他企业对此类技术的模仿成本。

施乐拥有在 PARC 开发出的技术中非常有价值的、稀缺的并且模仿成本极高的资源和能力，但却缺乏将这些资源开发利用起来的组织和机构。施乐 PARC 没有任何组织架构能够实现使这些创新被施乐经理人感知的功能。事实上多数施乐的经理人——即使是高级经理——都没有留意到 20 世纪 70 年代中期自己公司的这些技术成果。当他们意识到这些的时候，上述技术中只有少数能够在施乐高度官僚化的产品开发流程中存活下来——产品开发项目在该流程中被分解成数百个任务步骤和过程，并且每个流程都由几十个庞大的委员会审核。即使是那些存活下来的技术也没能被开发成产品，因为施乐经理人的报酬主要取决于能否最大化目前的收入。然而短期的盈利性对计算薪酬相对不那么重要，并且对未来销售市场的开发和当期盈利性也不太相关。施乐的正式报告结构、内部管理控制系统以及薪酬政策，都与 PARC 研制出来那些有价值的、稀缺的和模仿成本高的资源的开发需求不一致。因此，施乐不能发展出任何可带来持续竞争优势的资源就不足为奇了（卡恩斯和纳德勒，1992；史密斯和亚历山大，1988；杰伊和德文，2011）。

第二节　经营战略的概念和类型

早期企业战略学者安索夫（H. I. Ansoff）曾经说过，"战略作为一种经营管理概念，它能使企业的各种经营活动凝聚在一个完整的主题之下"，因此，战略管理的变革最能体现企业的变革和管理的创新。战略创新成为在变革和动荡的环境中，企业追求生存与发展、获取竞争优势最迫切的要求。①

一、波特经营战略

美国学者迈克尔·波特于 1980 年提出三种经营战略，即成本领先战略（cost leadership strategy）、差异化战略（differentiation strategy）和集中化战略（focus strategy）。成本领先战略是指企业通过在内部加强成本控制，在研究开发、生产、销售、服务和广告等领域把成本降到最低限度，成为产业中的成本领先者的战略。只有管理层高度关注成本控制，这些目标才有可能实现。尽管低于竞争对手的成本成为贯穿企业全

---

① 周海炜等著：《谋略与战略——管理文化的观点》，2007 年 12 月，第 3 页。

局的战略主题，不过，企业也不能将质量、服务以及其他领域置于脑后。

成本领先战略具有以下特征：①具有高效率规模化的生产线，在经验的基础上尽可能地降低成本，严格成本与管理费用的控制；②成本领先战略企业往往是大批量生产，需大批量购买原材料；③成本领先企业投资较大，因为企业必须具有先进的生产设备，才能高效率地进行生产，以保持较高的劳动生产率；④企业高层管理者把过多的注意力集中于内部挖潜，降低成本，可能导致企业忽视顾客需求特性和需求趋势的变化，忽视顾客对产品差异的兴趣（波特，2012；刘冀生，2017）。

差异化战略是指企业向顾客提供的产品和服务在产业范围内独具特色，这种特色可以给产品带来额外的加价，如果一个企业的产品或服务的溢出价格超过因其独特性所增加的成本，那么，拥有这种差异化的企业将获得竞争优势。实现差异化的方法很多，比如产品设计或品牌形象、技术、产品特色、客户服务、经销商渠道等。最理想的情况是，企业的产品在每一个维度都与众不同。企业实施差异化战略，并不意味着可以置成本于不顾，而只是意味着，成本已经不是主要的战略目标。

差异化战略具有以下特征：①具有良好的品牌和声誉；②由于差异化产品和服务为顾客提供了独特的价值，使顾客对该品牌的产品和服务忠诚度提高，而对其产品和服务的价格敏感度降低；③由于差异化战略为顾客提供的是名牌产品和服务，要求供应商所提供的原材料和零部件必须是高质量的；④企业把保持产品经营特色放在第一位，成本降低放在第二位；⑤产品差异化使同一产业内的不同企业产品之间减少了可替代性（波特，2012；刘冀生，2017）。

集中化战略不过是将以上这两种战略运用在一个特定的细分市场而

已。该战略通过满足特定消费群体的特殊需要，或者集中服务于某一有限的区域市场，来建立企业的竞争优势及其市场地位，中小型企业比较适合采用此战略。

上述成本领先战略、差异化战略与集中化战略在需要的技能和资源以及对组织的基本要求上的差异见表2.1。

表 2.1 战略类型的差异比较

基本战略	通常需要的基本技能和资源	对组织的基本要求
成本领先战略	持续的资本投资和良好的融资能力 工艺加工技能 对工人严格监督 所设计的产品易于制造 低成本的分销系统	结构分明的组织和责任 以满足严格的定量目标为基本的激励 严格的成本控制 经常、详细的控制报告
差异化战略	强大的生产营销能力 很强的产品加工能力 对创新的鉴别能力 很强的研发能力 有很高的公司声誉 在产业中有悠久的传统或具有从其他业务中得到的独特技能组合 得到销售渠道的高度合作	在研究与开发、产品开发和市场营销部门之间的密切协作 重视定性评价和激励，而不完全是定量评价 创造轻松愉快的气氛，以吸引高技能工人、科学家和创造性人才
集中化战略	针对特定战略目标客户，上述策略的结合	针对特定战略目标客户，上述策略的结合

资料来源：刘冀生：企业战略管理——不确定性环境下的战略选择及实施，第167页。

哈尼斯菲格公司（Harnischfeger）是采用成本领先战略的一个典型案例。1979年，哈尼斯菲格公司在专业起重机产业引发一场革命。哈尼斯菲格公司最初的市场份额仅有15%。该公司首先对这类起重机进行了重新设计。通过产品再设计，生产变得简单易行，售后服务可以运用模块化的零部件，产品结构有所革新，材料消耗随之降低。其次，该公司建立了部件装备工区，以及自动传送生产线。相对该产业原先的传统来说，这种做法不啻离经叛道。最后，该公司大批量采购部件，从而节约了成本。经过这些举措，该公司的产品价格下降了15%，质量仍在可接受的范围之内。哈尼斯菲格公司的市场份额迅速扩大至25%，而且增长势头不减。威利斯·费雪（Willis Fisher）是哈尼斯菲格公司水压设备事业部的总经理，他说："我们无意生产出性能最强的机器。不过，我们致力于生产的机器一定是制造工艺简单，价格低廉。"竞争者抱怨哈尼斯菲格公司可以低收益"换得"市场份额。对于这样的指责，哈尼斯菲格公司并不买账。

差异化战略是，企业使其产品或服务与众不同，在整个产业都独一无二。具体而言，通过产品设计和品牌形象的差异化，费尔德克莱斯特公司雄居毛巾和亚麻布制造业之巅；梅赛德斯公司则是汽车制造业的翘楚。通过技术寻求差异化战略的企业有举重机制造业的海斯特公司、立体声部件的麦金托什公司、宿营器材的科尔曼公司。另外，电炉制造业的尊爵公司通过产品特色采用差异化战略，金属罐头业的皇冠制罐公司通过独一无二的客户服务采用差异化战略，并且建筑设备业的卡特彼勒公司通过与众不同的经销商渠道采用差异化战略。①

二、迈尔斯经营战略

对于企业经营战略的分类本书采取迈尔斯和斯诺（Miles and Snow,

---

① 迈克尔·波特著，郭武军、刘亮译：《竞争战略》，2012年6月，第34－35页。

1978）的分类，即将企业战略分为反应型（reactors）、防御型（defenders）、前瞻型（prospectors）和分析型（analyzers）四类，这四种方法在战略管理研究领域得到了广泛应用（例如斯诺等，1980；科南特等，1990）。

当企业不愿意或者无法建立独特竞争力、组织架构或者管理流程时，企业常常采用反应型战略。反应型对外界环境的变化不敏感，常常是被动地对环境压力或者竞争对手作出抵抗，缺乏一贯的产品市场导向，决策模糊不清，且常出现矛盾的情况，因此，反应型战略在长期并不可行。

防御型在四种战略类型中属于最稳定的一类。防御型的竞争战略以稳为先，极少成为行业发展的领导者，通过提供高质量的产品努力寻求占据某一利基市场。防御型重视现有产品和市场份额的维持，强调组织内现有能力的发挥，通过提高运营效率和规模经济构筑防御壁垒以阻止竞争者进入，极少主动跳出自身的经营范围寻求新的发展机遇。相比其他战略类型，防御型具有更高的固定成本投资比例，虽具有较高的成本优势但缺乏核心技术，企业的组织架构和核心技术也极少调整，希望在基本稳定的竞争格局中维持并强化自己的地位。

前瞻型认为市场环境存在着无穷变数，企业具有前所未有的价值创造新方式，因此积极寻求新的产品和市场机遇，常常带来新的商业模式和竞争格局，给整个行业带来重新洗牌式的变革。前瞻型强调创新，注重对企业研发的投入，重视组织创造力和群体决策力的培养。为了在动态竞争中获得生存，前瞻型着重强调技术的灵活性和组织的有机性，以自身的灵活性因应外部环境的变化，但是对于灵活性和创新的追求也会导致组织控制的缺失和运营效率的下降。

分析型兼顾了前瞻型和防御型的优势，意图同时兼顾风险最小化和增长最大化。分析型在维持某一核心产品市场稳定的前提下积极寻求新的产品和市场机遇。分析型并不时时创造新的产品，而是在前瞻型成功开拓一个新市场之后，吸取分析前瞻型的经验与教训跟随进入该市场，然后致力于提高效率，增强盈利能力，以求为市场提供更优质价廉的产品和服务。分析型不像防御型一样回避变化和创新，也不像前瞻型一样追求变革，为了维持效率与创新间的矛盾，分析型一般应用矩阵式组织结构，建立自身稳定灵活的业务单元，形成持久的核心技术。但是分析型并不能总是很好地解决两者的矛盾，对稳定性的关注往往导致企业规模的不断扩大（薛求知和伊晟，2014）。

史密斯等（1989）认为前瞻型和防守型战略能够适用于不同产业类型。迈尔斯和斯诺（1978）将反应型战略视为不可持续的战略类型，企业通常不会采用被动反应型战略。所以，常用的战略就是前瞻型战略、分析型战略和防守型战略，将分析型战略视为前瞻型战略和防守型战略的混合体，兼具两者的特征。前瞻型战略与防守型战略共同定义一个连续集（continuum），分别位于连续集的两端，而分析型战略位于连续集的中点附近（Anderson and Lanen，1999）。因此，本书经营战略采取了位于连续集两端的前瞻型战略和防守型战略。

第三节　管理控制系统的研究现状

一、管理控制系统的概念

管理控制系统相关研究逐步渗透到企业方方面面，成为现代管理会计研究的主流内容之一。管理控制系统的研究内容不仅与管理会计的相关内容，还与管理学、心理学、社会学、人力资源学等学科的相关内容有关。

管理控制（management control）是指管理者通过影响组织的其他成员来实施组织战略的过程。罗伯特·安东尼（Robert N. Anthony）与维杰伊·戈文达拉扬（Vijay Govindarajan）指出管理控制涉及各种各样的活动，包括计划组织应该做什么，协调组织各个部门的活动，交流信息，评估信息，决定应该采取的必要行动，以及影响人们改变行动。该定义受到国内外理论与实务比较广泛地采用。

尽管管理控制过程是系统的，但是它绝不是机械的；相反，它涉及人与人之间的相互作用，而这又是无法以机械的方式描述的。管理者不仅拥有组织目标，也拥有个人目标。控制问题的核心就在于引导管理者在追求个人目标的同时，采取也有助于实现组织目标的方式（安东尼和戈文达拉扬，2011）。

我国学者杜胜利（2004）认为管理控制系统是以资本契约和管理契约关系为依托，以价值流程为主线，以公司价值最大化为目标，以公司战略目标为出发点的由所有者和高层管理者实施的控制组织行为和管理者行为的系统。Bisbe and Otley（2004）将管理控制系统详细地划分为绩效评价系统、预算系统和项目管理系统等三方面。费雷拉和奥特利（Ferreira and Otley，2009）总结前人研究并结合管理控制实务的发展，着重研究基于绩效管理的管理控制系统，并且把绩效评价系统（PMS）定义为组织用来传递管理层设定的关键目标和目的，通过分析、计划、评价、控制、激励等手段支持战略过程持续管理，同时支持组织学习变革的不断演进的正式与非正式的机制、流程、系统和网络（张先治，

2017）。

上述定义虽然具体的描述不同，但都是把组织的战略作为既定的，然后通过一定的控制手段来保证战略的实施。由此可见，管理控制系统的目的是使战略被执行，从而使组织的目标得以实现。管理控制系统是引领战略转变以及创新的一个重要机制。

由于绩效评价系统（或者称为业绩评价系统、绩效管理系统）作为管理控制系统的代表要素，所以近些年国外现有文献着重研究了绩效评价系统。常见的绩效评价系统包括平衡计分卡（balanced scorecard，BSC）、关键绩效指标（key performance indicators，KPI）、项目监督系统（project management systems）、利润计划（profit planning systems）、品牌价值系统（brand revenue budgets），以及人力资源系统（human development systems）等（卡普兰和诺顿，1992，1996；西蒙斯，1995；尼利等，2002）。

二、管理控制系统的使用模式

国内主要针对管理控制系统的多种类型开展研究，而有关如何有效地、科学地应用管理控制系统以及其使用方式却尚不多见。罗伯特·西蒙斯（Robert Simons）在他 1995 年出版的畅销书 *Levers of Control：How Managers Use Innovative Control Systems to Drive Strategic Renewal* 中，从更为广义的角度诠释了控制的概念和作用，将管理控制系统的模式大体分为诊断控制系统和交互控制系统。诊断控制系统是指管理者用来监视组织成果和纠正业绩指标偏离的一种正式的信息系统。然而，交互控制系统是一种管理者用于参与下属的决策活动的正式信息系统（西蒙斯，

1995；刘俊勇，2016）。总体来说，诊断式（diagnostic use）凭借各类考核指标评价管理层的经营管理业绩，交互式（interactive use）则强调保持各层管理者的有效沟通（张先治等，2017）。

诊断性控制系统是正式的信息系统，管理者利用该系统监控组织取得的绩效，并纠正与预定绩效标准的偏差。诊断控制系统是一种反馈系统，作为传统管理控制系统的支柱，其设计的目的是确保实现可预测的目标。

管理控制的基本职能是确保选定战略的执行。但是，在环境变化莫测的行业中，管理控制信息，尤其是非财务性质的管理控制信息，同样可以作为制定新战略的基础。这项功能即为交互控制（西蒙斯，1995）。它不仅仅是执行战略的控制，也是调整战略的控制。正所谓"今天"的控制影响"明天"的战略。

交互控制系统是一个重视未来和变化的系统。交互控制系统追踪不确定性，从而使高级经理时刻保持清醒；交互控制系统注重持续变化的信息，使高级经理考虑潜在战略。罗伯特·西蒙斯指出交互控制系统与诊断控制系统相比具有以下四个特征：

第一，交互控制系统关注被高级经营者看作具有潜在战略机会的持续变化的信息，包括技术变化、消费者倾向变化、政府法规变化和行业竞争变化等。第二，这些持续变化的信息足以引起组织内各个层次经营经理的经常的需要与注意。第三，交互控制系统产生的数据或信息是在与上级、下级及同级的面对面的交流中被解释和讨论的。第四，交互控制系统是正在争论的有关潜在信息、假设和行动计划的催化剂。

交互控制系统能够为高管提供他们最为关注的信息，并可以用来创造高管与下属之间持续的对话。它不是由其技术设计特征所界定的，而是由管理者对它的使用方式来界定的：只要达到要求，任何一种控制系统（例如，利润计划系统、项目管理系统、品牌收入预算系统、情报系统、人力资源系统等）都能由高管交互性地使用。高管利用交互控制系统在整个企业中改善信息的搜寻，这种高度集中的方式与诊断控制系统的例外管理（所谓"例外"就是实际与标准的差异）是完全不同的。

使用交互控制系统的压力来自最高管理层定期、频繁的关注。在面对面的会议中，高管要求下属对企业中任何未预见到的变化作出解释并给出行动方案。这个压力是自上而下的。相应地，通过一系列连锁会议，新信息和知识自下而上地流向顶层。总体而言，作为交互控制系统之特色的争论和对话使得一家企业能够调整和更新其战略。①

表2.2强调了诊断控制系统和交互控制系统的本质特征。

表2.2 诊断控制系统与交互控制系统

战略的形态	经营战略	
	目标	愿景
聚焦点	关键绩效指标	战略不确定性
	诊断控制系统	交互控制系统
是什么	监控组织成果并纠正绩效指标偏差的反馈系统	管理者用来频繁、亲自参与到下属的决策活动中的控制系统
为什么	为了实现有效的资源配置 为了界定目标 为了提供激励 为了建立纠正行为的指引 为了实现事前评估 为了释放稀缺的管理层注意力	为了把组织注意力集中于战略不确定性上并激发新行动和战略

———————
① 罗伯特·西蒙斯著，刘俊勇译：《业绩评价与控制系统》，2016年，第170页。

续表

战略的形态	经营战略	
	目标	愿景
如何做	设立标准 衡量产出 使激励与目标的实现挂钩	确保系统产生的数据成为一项与下属讨论的重要的、反复的日常工作 确保系统是整个企业中管理者注意力的核心 与下属进行面对面的会议 持续对数据、假设和行动方案进行挑战和讨论
何时	绩效指标可以事前设定 产出可以衡量 反馈信息可以用于影响或纠正对指标的偏离 过程或产出是一个关键绩效指标	战略不确定性要求搜寻威胁和机会
何人	高级管理者设定或协商目标、接受和复核例外报告、跟进重要的例外事件 下属维护系统、收集数据并撰写例外报告	高级管理者主动地使用系统，并分配主观的、基于所付出努力的奖金 下属辅助系统更快捷地运行

资料来源：Simons. 1995. *Levers of Control*, *How Managers Use Innovative Control Systems to Drive Strategic Renewal*, Harvard Business School Press, Boston. pp. 124, 179 – 180.

三、管理控制系统的权变因素

权变理论产生于 20 世纪 70 年代，权变理论认为管理是环境的函数，企业的管理行为应随着环境的改变而改变，由于企业所处内部与外部环境不断变化，权变理论认为，不存在一个在所有环境下都完全适用于所有组织的会计制度；会计制度的适合与否视企业所面临的环境状态而定。在业绩计量系统的设计和使用方面，不同的环境下的企业应该使用不同的业绩指标和评价体系（奥特利，1980；张川和潘飞，2008）。按照权变理论，包含非财务指标后的绩效评价体系也不一定会适应所有的企业，要想达到提高业绩的目的，必须采用与企业相匹配的绩效指标体系。朗菲尔德－史密斯（Langfield－Smith，1997）等学者认为企业的业绩评价指标必须和企业的经营战略等权变变量相"匹配"。

基于权变理论，管理控制系统的设计受到组织结构、组织规模、企业文化、经营战略、全面质量管理、环境不确定性以及企业生命周期等权变因素（环境变量）的影响。管理控制系统的权变因素研究见表2.3。

表2.3　管理控制系统的权变因素研究

研究变量	权变因素	代表学者
管理控制系统	环境不确定性	Chenhall（2003），Widener（2007），崔贤政等（2014），Sangwan & Taejong（2015）
	经营战略	Langfield－Smith（1997），朴庆源等（2008），Azair & Langfield－Smith（2005），金达坤（2007），Abernethy & Guthrie（1994），Govindarajan & Fisher（1990）
	全面质量管理	Young & Selto（1991），Chenhall（1997）
	企业文化	Harrison & McKinnon（1999）
	组织规模	Bruns &Waterhouse（1975），Merchant（1981），Reid & Smith（2000）
	组织结构	Burns & Stalker（1961），Langfield－Smith（1997），Cohen（1993），Katzenbach & Smith（1993）
	企业生命周期	Burns & Stalker（1961），Moores & Yuen（2001），Auair & Langfield－Smith（2005），Miller & Friesen（1984）

四、管理控制系统创新模式的特色①

1. 建立了适应不同企业环境特点的管理控制模式

长期以来，在管理控制模式的选择上，由伯恩斯和斯托克（Burns and Stalker，1961）最先提出的二分模型一直具有统治的地位。二分模型认为，在高度确定的条件下，企业应当建立高度理性化和严格科层制的机械式管理控制；而在高度不确定的条件下，企业应当建立学习导向的、无边界的、开放的有机式管理控制。随着外部环境的快速变化以及企业间竞争的日趋激烈，二分模型所主导的这种非此即彼的一维划分方法变得不合时宜。于是，萨克利夫等（Sutcliffe 等，1999）提出用二元模型取代二分模型，重新考察管理控制系统（MCS）与组织背景变量的适配关系。二分模型认为，在快速变化、激烈竞争的环境中，有效的MCS必须同时实现两个目标：保持可靠性和提高学习能力，也就是企业应该集机械式控制与有机式控制于一身。

然而，随着跨国公司的发展壮大以及集团企业的不断成长，二元模式对于组织结构复杂、管理层级烦冗的集团企业适应性降低。因为这类企业包括众多的子、孙公司，而且不同层级不仅管理模式各异，还存在动态的调整性。因此，中国企业应进一步创新优化，建立适应不同企业层级特点，具有动态调整性的管理控制模式。具体来看，企业针对不同组织层级所面临的管理控制环境，可以确立一种形式或者多种形式并存的管理控制模式，而且不同的模式之间具有动态递进性。随着企业环境

---

① 张先治著：《中国特色管理控制理论创新与应用拓展》，2017 年 12 月，第 245－246 页。

的变化和调整，管理控制系统模式也可以相应地改变和适应。以预算控制模式和评价控制模式综合运用为例，这一模式通过预算控制以量化目标，加强过程控制，利用评价控制以适应环境，加强结果控制，改变了以往因预算指标与业绩评价相脱钩而造成的控制乏力，提升了管理控制系统的运行效率。同时，如果企业具备了预算控制所强调的过程控制能力和基础，可以优化为评价控制模式，进一步提升运行效果和质量。

2. 整合与完善了不同模式下的管理控制程序

管理控制程序包括战略目标分解、控制标准制定、控制报告分析、经营业绩评价和管理者报酬，在应用的过程中各个环节层层相扣、紧密相连。控制标准的制定基础在于分解后的战略目标，控制报告的内容以控制标准为依据，经营业绩的评价标准来源于控制标准和控制报告，管理者报酬要以业绩评价内容为基础，最终管理者报酬会对战略目标执行情况产生积极影响。然而，以往的管理控制模式常常不具有完善的管理控制程序，如控制指标或标准不能很好地反映企业战略目标，控制报告不够完备，难以满足控制标准的要求，经营业绩的评价与预算环节脱钩，管理控制程序环节不协调，没有形成完善的管理控制模式，管理控制模式的运行效率也不尽如人意。

为了保证管理控制模式的有效运行，中国企业创新的管理控制模式整合了战略目标分解、控制标准选择、控制报告分析、经营业绩评价、管理者报酬五个管理控制程序，形成了完整的管理控制程序，改变了以往因各程序间相互脱节而带来的局部控制，提升了管理控制的系统性、全面性。

3. 突出了管理会计信息系统在管理控制模式中的作用

管理会计信息系统是管理控制系统的核心，它的完善与否影响着管理控制模式运行的效率和效果。我国企业早期管理会计信息系统基础薄弱，其信息支撑作用有限。20 世纪 90 年代初期，我国大多数企业都没有形成体系化的管理会计信息系统。直到 21 世纪初期，一些大型企业才全面启动了以"会计核算信息化"为主要实施目标的项目建设。特别是近几年，财务业务一体化、财务共享中心、财务云等管理会计技术的创新与应用大大改变了管理控制模式的运行方式，也极大提升了管理控制模式的运行效率。因此，中国企业创新的管理控制模式应以管理会计信息为核心，突出管理会计信息系统在管理控制模式中的作用。

为了提升管理会计在管理控制模型运行中的突出作用，创新的中国企业管理控制模式通过利用管理会计信息、使用管理会计工具及时有效反映和监督各组织层级的经营管理活动，减少企业内部存在的"信息孤岛"，满足了管理控制的信息需求，改变了以往各组织各层次管理会计系统相互独立、管理会计系统与管理控制系统相互割裂的情况，促进了管理控制模式的有效运转。

第四节　组织能力的概念和影响成因分析

一、组织能力的概念

资源基础理论是由彭罗斯（Penrose，1959）在其论著中被首次提出之后，经过维尔纳费尔特（Wernerfelt，1984）的论述，自 20 世纪 90 年代由普拉哈拉德和哈梅尔（Prahalad and Hamel，1990）和巴尼（Barney，1991）广泛发展起来的理论。关于组织能力的定义和内涵，具备代表性的研究是维尔纳费尔特（1984）、普拉哈拉德和哈梅尔（1990）。近年来，组织能力被认为是提高竞争地位和获得竞争优势的关键因素。

组织能力（organization capability），是一个企业能够长期获得竞争优势的能力，是企业所特有的、能够经得起时间考验的、具有延展性，并且是竞争对手难以模仿的为顾客创造价值的技术或能力（张勇，2017；巴尼，1991；亨利，2006）。1990 年，美国密歇根大学商学院教授普拉哈拉德（C. K. Prahalad）和伦敦商学院教授哈梅尔（G. Hamel）在《哈佛商业评论》上发表的论文《企业核心竞争力》中，指出组织能力是组织中的积累性学识，特别是如何协调不同的生产、管理技能和有机结合多种方法的学识能力。组织能力并非是一朝建立就可以终生受用，而是要不断地革新，否则，组织能力不是变得更加刚性，就是被其他更优越的能力所替代。这也说明模仿性的学习仅能在某一个特定的阶段有效，如果没有进行创新式的学习、不断地自我否定和超越的话，就很可能被其他敢于创新的企业所淘汰。

代表性作者伦纳德·巴顿（Leonard - Barton，1992）对组织能力的界定是具有系统性和明晰的层次性的，最大的特点表现在不是去强调某一些或某一个要素或流程，而是将组织能力作为一种机制，尤其是强调了组织文化和价值观在组织核心能力的形成过程中的作用（贺小刚，2006，p. 33）。多兹等（Doz 等，1990）认为成功的企业拥有一种缄默的集体性能力，既可以确保革新的实现，也可以对外部的变化进行持续的调整。为实现这一目标，企业就必须创建那种可以促进革新、促进集体式学识，并可以在企业内转移信息和技巧的动态惯例。所以，组织能力的一个关键要素就是为适应环境而不断地调整的弹性及恢复力，它可以使企业重新定位以更好地执行一个或多个工作，进而促进资产、能力的积累（贺小刚，2006，p. 34）。[①]

学者们基于资源基础理论，提出了不同角度的组织能力。在资源基础理论中，组织能力一般包括：市场导向性、创新性、组织学习、组织敏捷性和企业家精神等方面（亨利，2006；赫尔特和凯琴，2001）。但是，在多数实证分析文献中，对市场导向性、创新性和组织学习等组织能力积累了一些理论基础，但是对企业家精神和组织敏捷性的定量研究却鲜有学者探究和关注。

二、企业家精神的概念和特征

1. 企业家精神的概念

"企业家"（entrepreneur）一词源于法语 entreprendre，意思是中间人或中介。关于企业家精神（entrepreneurship），这个概念仍没有清楚的界定。在西方，企业家精神已经成为企业创新和区域发展研究领域中炙手可热的词语。桑巴特（1958）认为企业家精神是一种丰富的"生活力""生命力""行动的力量"。他指出对那些能成为企业家的人而言，"在本质上必有一点要求，必有一点东西使人们离开火炉边座席上的舒适安逸去遭遇磨难，必要有强健的筋骨和强健的脑筋"。他提出企业家的特征就是"决断、有恒心、忍耐、孜孜不息、贯彻目的、不屈不挠、冒险精神和勇敢气概"。

莫里斯（Morris，1998）初步统计了有关期刊文章和教科书中关于企业家精神的界定，发现至少有 77 种之多，主要是强调财富的创造、

---

① 贺小刚著：《企业家能力、组织能力与企业绩效》，2006 年，第 33 - 34 页。

企业的创造、革新的创造、变革的创造、工作机会的创造、价值的创造，以及成长性的创造。众多学者前赴后继，试图寻找企业家精神的显著特征。以下是几位代表性学者。米勒（Miller，1983）认为，富有企业家精神企业应具备三种特性：产品或制程的创新（innovation），企业的关键决策者应具备风险承受（risk – taking）能力，敏锐察觉环境变化而能采取事前因应策略（proactiveness）的能力。科万和斯莱文（Covin and Slevin，1989）认为，企业家精神之价值和行为（values and behaviors）包含三个构面：创新性（innovativeness）、风险性（risk – taking）和预警性（proactiveness）。Lumpkin and Dess（1996）将企业家精神划分为自治能力（autonomy）、创新能力（innovativeness）、风险承受能力（risk – taking）、事前因应能力（proactiveness）和积极竞争能力（competitive aggressiveness）五个指标。

目前，现代的企业家理论相对比较一致的观点是认可了以下若干企业家行动（黄群慧，2000）：①对机会的敏感性；②创新性；③承担风险与挑战的不确定性。正如赫尔特和凯琴（Hult and Ketchen，2001）所提出的概念界定，企业家精神是指持续地探索找寻新的市场机会，对现行的经营活动和后续的规划具有创新观念，并且为获得更高的企业绩效甘愿承担风险的管理层的价值取向。

2. 企业家精神的特征

程天等（2006）探讨基因视角下的企业家精神特征。他们指出企业家精神蕴含着创新、冒险、信任、责任、成长、敬业和合作七要素，并且认为企业家精神在很大程度上具有基因的特征。

（1）永续性。基因是不朽的，任何一个个体的基因组合的生存时间可能是短暂的，但基因本身却能够生存很久。从企业层面上来说，物质性的东西（如厂房、设备等）都会随着时间的消逝而消失或更换，甚至对企业的个体而言，也会随着市场的变动而不断消失和产生。但正如基因发挥作用在于不停地组合和演变一样，企业家精神会通过人的个体不断传递，通过和其他要素（如技术、市场环境等）的组合演变出新的含义和存在。企业家精神既可以在单个企业个体的内部传递，也可以在个体企业消亡的情况下在其他个体上实践。所以，它超越了传统意义上的时间限制，产生了永续的效果，绵延不绝。

从企业家精神内核的七要素（创新、冒险、信任、责任、成长、敬业、合作）来看，在市场经济的状态下，以创新为主要内容的企业家精神是永续的，是企业和个体适应市场经济竞争条件的应对办法。

（2）遗传性。基因是具有遗传功能的单元，携带着遗传编码。基因是一个长久生存的复制基因，它以许多重复拷贝的形式存在着。基因通过拷贝形式的存在几乎是永恒的，这种永恒表明了基因的遗传性。携带着企业成功的经验或者失败的教训，企业家精神也通过个体传递的形式得到遗传，在单个企业内部和相关企业群内传递。

从企业家精神内核的七要素来看，在市场经济的状态下，企业家精神也携带着企业的遗传密码，它规范了企业对外界机会的反应模式（如创新冒险等）以及企业对内部操作的规范（信任、责任、敬业、合作）和企业对自身存在目的的描述（成长）。企业家精神包含的这些信息可以通过和企业经营要素的重新组合，遗传到新的企业个体或者企业内部的新业务单元中，企业的多元化经营就是遗传了企业家精神的某些内容而产生的结果之一。

（3）可分性。基因并不是不可分的，但很少分开。企业家精神具有一定的稳定性，这通过它的遗传性体现出来。企业家精神并不是完全不可分的，明显的体现就是企业家精神内核的七要素就将企业家精神的内容进行了一定的分解。在企业家精神发生作用的过程中，它是作为一个整体实现的，七个要素是共同起作用的，割裂了任何一个要素，企业家精神都难以充分发挥作用。

（4）变异性。基因具有变异性。在一定的环境条件和自然状态下，基因是发生突变的最小单位。企业家精神在企业内传递和在企业内传递的过程中，由于受到外界环境、传递渠道和经营条件等的影响，会产生一定的修正。从企业家精神内核的七要素来看，例如，在外部机会多寡和资本收益率限制的不同约束条件下，冒险维度会发生多种情况的组合，风险极度偏好的企业家精神在外部环境趋于稳定的情况下会减少冒险的程度而增加创新合作等因素。

（5）重组性。基因与基因之间可以发生重组，产生各种与亲本不同的重组类型。这是基因与基因之间的重组关系。企业家精神也可以和企业其他基因之间进行重新组合和分配，衍生出新的含义和内容。例如，在时间维度和空间维度上的不同程度，企业家精神和企业的经营诀窍两个基因的组合可以产生新的结果。我们如有机会把自己公司和其他公司的某些部分进行重组，将创造更多竞争性的实体——将单个基因进行重新排列以形成更有效力的基因组。之所以把这一过程称为企业基因重组，是因为我们看到企业的基因（价值链中独立的要素，如制造流程、品牌管理、采购诀窍等）与人类的基因非常相似。

（6）共生性。一个基因对人体的各个不同部分会产生许多不同的影响。人体的某一部分会受到许多基因的影响，而任何一个基因所起的作用都依赖于同许多其他基因间的相互作用。某些基因充当主基因，控制一组其他基因的活动。企业家精神难以离开其他企业基因（如制造流程、品牌管理、采购诀窍等）而独立存在。企业家精神必须在企业整体的背景下和其他基因互动反应。

（7）系统性。基因发挥的作用取决于它的环境，而这一所谓环境也包括其余的基因。一个个体的全部基因构成一种遗传气候或背景，它调整和影响任何一个具体基因的作用，表现出极强的系统性。企业家精神的系统性不仅体现在和其他企业基因共同组成企业的生态环境，企业也可以通过建立企业联盟或合作伙伴关系来进一步挖掘这些能力要素的价值潜力或者考虑以引进的方式，从更具竞争优势的其他企业那里获得同样成分，通过企业家精神的系统性特点和其他基因配合作用，组成新的企业生态系统。

贺小刚（2006）总结并归纳企业家精神所具有的四点显著特征。

（1）动态性。企业家将外部环境的变化与内部管理、协调等有机结合（彭罗斯，1959），但由于未来的竞争与市场的性质难以确定，这就自然要求企业家的经营能力具有动态性，以确保其所负责经营的组织可以适应内外部条件的变化（科恩迪特等，2000）。如市场竞争过程往往促使有抱负的企业家不断地去调整他的经营计划，要求他们永不停息地去发现和利用盈利机会，并不断地对资源、机会进行整合以维持企业的成长，等等。这就要求企业家的经营能力也有所改进，比如通过学习而得以提升，否则企业家精神有可能出现老化、腐朽或刚性。

（2）独特性与有价值性。企业家综合能力或是源于天生的个体特征，或人口特征条件，如"王朝的"动机（顺彼得，1934），企业家的事业心也绝不是一个同质的特征（彭罗斯，1959）。布莱克和博尔（Black and Boal，1994）指出事实上，很少有完全相同的知识及对未来市场的预期，所以企业家认知机会的能力是一种非常稀缺的资源。企业家精神的产出也是稀缺的，在此之前从没有出现过，是全新的、独特的资产组合。正因为企业家能力的独特性、稀缺性，这就使得企业家能力具有潜在价值，即有助于改善企业的效率，并利用机会或平衡风险。

（3）专属性。蒂斯等（Teece 等，1997）认为能力是企业专有的，因为它嵌入组织和流程之中。企业家精神则是嵌入组织与市场之间，正由于此嵌入性，企业家精神的所有权无法轻易地在组织内或市场中进行转移。企业家的更替，以致企业家精神的变化，尤其是突变对企业产生巨大的影响，不仅将由于管理性资源的交替而产生所谓彭罗斯效应，并且将由于企业家认知的变化而很可能对企业组织造成功能型紊乱，所以，企业家精神的专属性在经营环境发生变化以致需要进行更替时是具有一定的短期摧毁性的（Gavetti and Levinthal，2000）。

（4）传承性。企业家精神的传承性源于两个方面：其一是企业家精神的可模仿性。企业家精神的专长是经验基础的知识，然而，此知识也不是完全地缄默，而是在一定程度上是可以表达的（温特，1987），所以，在企业内部该类知识的运用与扩散就可得以模仿。其二是通过企业家的影响力而起作用。企业家的影响力源于企业家在将个人资源有意识地转变成为组织资源的过程中，他必须通过说服和影响其合作者而实现自己的既定目标，于是，企业家在一定程度上担当了企业组织内部的"传教士"职责，将自己的价值观与信仰传承给所有员工。所有传承下来的企业家管理方法和风格以及相关价值观与信仰，最终将沉淀为具有历史积累性、稀缺性、难以模仿性和替代性的独特组织资源。因此，企业家精神将无形中构成企业组织内部的一种反映领导者风格和主导愿景的文化遗产（科利斯，1991）。

企业家精神不仅是关于创建企业的行为，或是企业家的行为，它还涉及现有公司的革新和变革。事实上，企业家精神就是创造新资源或是以新的方式整合现有资源，并由此形成企业保持竞争力的机制，为企业创造财富（Ireland 等，2001）。企业家精神是一个企业、一个组织所具有的创新、进取、合作等价值观和理念，是个体层次的企业家精神在组织层次的延伸和体现。它的作用在于启发和指导企业自觉地创建具有企业家精神特质的企业文化和制度，进而使之成为指导企业可持续发展的精神力量（丁栋虹，2015）。

三、组织敏捷性的概念和特征

随着移动互联网、大数据、云计算、人工智能、区块链等诸多创新科技的不断涌现和广泛应用，商业社会迎来了前所未有的新机遇和新挑战，客户和市场的易变性（volatility）、不确定性（uncertainty）、复杂性（complexity）以及模糊性（ambiguity）呈现出急速上升的趋势。为了应对这个时代的各种特征，拥抱变化、应对复杂、迭代进化、快速因应成为企业发展的必然要求，而这些恰好是敏捷所倡导和推进的。①目前，组织敏捷性成为企业生存和发展的关键。基于麦肯锡咨询公司的调查发现，随着时间的推移，90%的高层管理者认为，组织敏捷性对商业成功来说是至关重要的因素。

Sharifi and Zhang（1999）将组织敏捷性定义为"不确定性环境下应对变化的能力并扭转为机会的能力。组织敏捷性包括反应力（responsiveness）、能力（competency）、灵活性（flexibility）和速度（spccd）四个方面"。内格尔等（Nagel 等，1995）认为敏捷性是"在不确定的

---

① 王明兰著：《敏捷转型：打造 VUCA 时代的高效能组织》，2018 年 10 月，第 1 页。

环境中企业能够应对挑战的总体能力"。唐纳德·萨尔（Donald Sull）将组织敏捷性定义为"能比对手更迅速地发现和抓住机会的能力"。唐纳德·萨尔研究了许多在动荡的市场中蓬勃发展的公司，发现有三种不同类型的敏捷性存在。

第一种是运营方面的敏捷性，即一家公司在目标明确的商业模型中寻找并抓住机遇以改善运营和流程的能力。这些机会不一定极具吸引力（例如降低成本、改进质量或者改进分销流程），但会与推出新产品和新服务一样富有价值，沃尔玛、丰田、联邦快递和美国西南航空公司的成功都是例证。

第二种是资源组合方面的敏捷性，指能够迅速高效地将公司资源（包括资金、人力和管理重点）从前景欠佳的单位转移出来，整合投入到更具吸引力的单位中。最近一项对 200 多家大企业的调查发现，把资源重新整合配置到公司内发展更快的单位，是促进收入增长的最大单项驱动力。像强生（Johnson & Johnson）、宝洁（Procter & Gamble）、三星（Samsung）等坚持多元发展的大企业，长期以来都以资源的重新整合取胜。与此同时，像黑石（Blackstone）、KKR（Kohlberg Kravis Roberts & Co. L. P）、凯雷（Carlyle）和 TPG 等私募基金集团，也都是靠积极管理资源从而为投资人赚取高额回报的。

第三种是战略发展方面的敏捷性。所谓战略发展方面的敏捷性，是指一个企业在重大机会涌现时发现和抓住它的能力。这些机会包括努力增加新业务、积极进入新市场、大胆押宝于新技术或大笔投资扩大产能等。当然，灵活快速地投入巨资并不能保证高额回报，美国电话电报公司（AT&T）并购有线电视就是缺乏回报的一例。但是，完全回避重大投资风险的公司，可能会落后于更具进取心的竞争对手，这同样是一种风险（萨尔，2011，p. 126）。

总体而言，组织敏捷性是每个制造型组织必须具备的一种品质和能力，以使得企业能够在全新的商业环境中生存与发展。不同的组织应以不同的方式因应不断变化的商业环境，所以，各个企业需要不同程度的组织敏捷性。理论上，组织敏捷性是对商业环境的新标准或者准则的一种战略回应；在实践上，它是对组织业务方法、生产及管理流程、管理工具的一种战略运用（Sharifi and Zhang，1999）。

四、企业家精神和组织敏捷性的影响成因分析

1. 企业家精神的影响因素

1981—1983 年，麦肯锡咨询公司进行了一个调查，探究了美国经济增长最快的 100 家中型成长公司（收入在 2500 万 ~ 10 亿美元间），发现这些成长公司的销售额、利润增长率和就业机会都是财富世界 500 强企业的 3 倍，业绩最好的是生产和销售家具、生产优质瓷瓶和书写用具的公司。这些公司高速增长的原因就在于他们具有企业家精神，并进行企业创新（丁栋虹，2015）。史蒂文森和瑞罗（Stevenson and Jarillo，1990）指出企业家精神是一种管理方式，追求机会而不顾手中现有的资源。企业家精神是处在发起人与受托人连续谱上的一种管理行为现象。他们强调使管理者更趋向于企业家的影响因素包括市场环境迅速变化，抢先进入市场的竞争压力，扁平的、灵活的组织结构，基于增长率的绩效考核体系，以及崇尚创新和鼓励尝试的企业文化等。

企业家精神的研究主要关注于分析组织结构、管理模式和企业文化等多方面对企业家精神的影响。例如，冯·希佩尔（Von Hippel，

1977）从财务角度指出财务因素（financial factors）是增强企业家精神的显著因素。萨瑟（Sathe，1985）、布洛克和欧尔纳蒂（Block and Ornati，1987）指出激励与控制系统（incentive and control systems）能够促进提升公司企业家精神方面的能力。另外，罗伯茨和贝里（Roberts and Berry，1985），霍布森和莫里森（Hobson and Morrison，1983）将市场及进入途径（market and entry approaches），以及市场驱动和技术驱动的需求（market – driven vs. technology – driven demand），视为企业创业/创新活动成功或失败的影响因素。不仅如此，莫里斯和库拉特科（Morris and Kuratko，2002）指出企业家的组织管理风格、组织及其环境的开放性互动是企业家精神的影响因素。科万和斯莱文（Covin and Slevin，1991）认为企业家的创新能力体现在企业为此而具有的在公司组织结构方面的创新性、开拓性和冒险性等能力。Gerard Keijzers（2002）指出可持续发展的企业文化影响公司的企业家精神发展。

除此之外，赛克斯和布洛克（Sykes and Block，1989）提出为实现公司企业家精神和冒险能力，需要评估与选择可承受的风险；并且他们认为最重要的是，将增强冒险能力视为公司日常经营的"主流"职能事件。同样，他们也建议，公司内部需要一个支撑创业/企业家精神活动（corporate entrepreneurial activity）的"环境"或者管理控制系统。米勒（Miller，1983）将公司的创业活动（或者企业家精神）视为一个整体，并且提出与其具有一定关联性的宏观层面的变量，诸如公司类型、环境、组织结构和决策。他的研究发现公司类型（如简单型、规划型和有机型）在创业活动和结果变量间起到调节变量的作用。该文章的主要结论和研究目的是，事实上，企业内部条件的变化会影响公司的创业行为。

奎恩（Quinn，1985）在谈到环境问题（environment issue）时指出一些大公司寻求创业/创新活动的影响因素，例如培养创新活动的企业气氛、愿景（vision），以及构建创新组织。这些被认为能够克服官僚障碍，不适当激励，最高管理层孤立、目光短浅，以及官僚主义泛滥。萨瑟（Sathe，1985）认为大型企业在维持管理控制的同时，还要试图为创业活动（或者企业家精神）营造氛围，这是一个两难的选择。但是，如果严明的管理控制与相互信任、公开交流的公司文化相一致，就可以很好地加以管理（或者实施管理控制）。虽然回报风险比率（reward versus risk ratio）是其中的一个影响因素，但是员工承担风险的意愿（企业家精神的一部分）与整个组织文化的联系更大。因此，个人层面的企业家精神将与管理者支持、组织结构、资源等密切相关。

弗赖伊（Fry，1987）和坎特（Kanter，1985）也指出一些与成功的内企业家精神（intrapreneurship）相关的影响因素。他们发现一些因素包括资源可用性（包括时间和材料）、对失败的创业冠军给予适当奖励（创业冠军被定义为在组织内部开发与协调新产品或服务的人）。伯格曼（Burgelman，1983）指出组织中的创新是两个不同过程的结果，这两个过程均与企业战略有关。第一种过程是诱导战略行为。伯格曼（Burgelman，1983）认为诱导战略行为是战略的结果，然而，第二种过程——自主战略行为（或者内企业家精神），事实上将会影响公司战略。

总体而言，从西方文献来看，企业家精神的影响因素可以划分为三个主要方面：①员工间积极地参与和沟通；②收集和分析外部环境信息的能力；③分散化的决策权。以上三个影响因素都可以通过交互控制系统达成。由于交互控制系统具有关注潜在战略机会的持续变化的信息的显著特征。同时，这些持续变化的信息足以引起企业内部各个层次经营经理的经常的需要与注意，并且通过与上级、下级及同级的面对面的交流中被解释和讨论。此外，亨利（2006）也发现交互控制系统是激发企业家精神显著重要的前因变量，提供了实证检验方面的理论支撑。

2. 组织敏捷性的影响因素

Sharifi and Zhang（1999）指出信息系统/技术（information system/technology）在其最大程度上的及时性（timeliness）、覆盖范围（coverage）、通信能力（communication ability）、数据交换（data interchange）等方面是敏捷型制造公司管理系统的显著特色。基于内格尔等（Nagel等，1995）和基德（Kidd，1994）的前人观点，他们还指出组织敏捷性应该从制造环境（manufacturing environment）的四个主要领域中寻找。这些领域是组织（organization）、人员（people）、技术（technology）和创新（innovation）。

唐纳德·萨尔指出所有具备敏捷性的企业，无不以五种价值观作为其企业文化的核心：注重绩效（performance）、公开透明（transparency）、淡化等级（informality）、合作精神（partnership）、成本意识（cost consciousness）。

具体来说，第一，注重绩效。敏捷不仅仅是为了赢得一次战略行动的胜利，而是要体现于日复一日的工作当中。企业的运作系统会把公司的优先发展目标转化为个人工作目标，同时对他们的圆满表现进行奖励。对圆满完成公司目标的员工给予肯定与奖励是支持公司运营流程的根本基础。

第二，公开透明。公开透明会带来现实的效益，它让薪资系统受到信任、始终保持绩效压力、最大限度地减少员工选择不道德捷径的风险。企业不仅会传达目标，而且会说明这个目标是如何确定的。唯有如此，员工们才会视这个目标为雄心勃勃的理想，而非管理者一厢情愿的独断专行。

第三，淡化等级。敏捷的公司要求员工能提供不同的见解、在互相尊重的基础上表达异议、坦率讨论绩效问题、使意外的数据浮出水面。过于强调等级制度会不利于这些讨论的正常进行。等级制度容易令人滋生出自以为是或以自我为中心的感觉，这对坦率的讨论是有害的。工作空间的布局可以鼓励组织成员淡化等级观念。在多数大企业中，用来保护高级管理人员的接待员方阵和紧闭的大门强化了权力的差异，而开放式办公区则使接近管理人员的道路畅通无阻。

第四，合作精神。开放式办公环境促进了频繁的交流，这有助于员工们看清他们的工作是如何与他人互动的。经常性的工作轮换可以防止管理人员的视野变得狭隘，而经常性的合作则可以强化同属一个团队的感觉，以便组织成员们更好地团结起来，落实公司的决策。

第五，成本意识。在经济困难的时候，管理者应该继续对发展机会保持警觉；在经济繁荣的时候，当不必要的成本如同杂草般纷纷萌芽的时候，管理者依然要始终注重工作效率。管理者不仅可以利用经济低迷时期降低短成本，而且可以趁机建立相关的成本控制规则，以便在经济复苏时继续推行。

约翰·P. 科特（John P. Kotter）提出开展敏捷转型、提高组织敏捷性的八个要素。第一，建立变革或者敏捷转型的紧迫感；第二，组建强大的领导联盟；第三，树立愿景；第四，沟通愿景；第五，移除障碍；第六，计划并获得短期成功；第七，巩固成果，持续深入开展变革；第八，植入组织文化。他也提出实施敏捷转型和提高组织敏捷性的先决条件：组织的最高领导者具有敏捷转型的决心，并且具有自上而下的强大领导力。

具体而言，第一，企业需要让高层管理者意识到敏捷转型迫在眉睫，如果没有产生"不变就没有活路的危机感"，组织的敏捷竞争力提升就会像推到半山腰的巨石一样，又会顺着重力滚下去。第二，组建团队，包括对组织以外保持关注的人，在组织内部具有一定可信度的人，熟悉企业内部运作机制和研发流程的人，以及具有沟通愿景和激励团队等领导技能的人。第三，树立愿景。也就是说，一个好的愿景会让每个员工知道敏捷转型的整体方向，激励组织成员行动起来。第四，沟通愿景。即需要对组织内的管理层和全体员工沟通敏捷转型这一决定。第五，移除障碍。强调的是既需要自上而下地设计愿景和授权赋能，也需要充分发挥每个组织成员自下而上的力量。第六，强调在短期内获取成效。因为快速取得一些短期成效，能够给那些拥抱敏捷的人员带来信心，也会影响悲观消极分子的态度，消除组织成员内心的疑虑，为开展敏捷转型建立必要的士气。第七，已经在敏捷试点中初见成效的团队或组织不应满足现状，而要设立新的目标，深入实践。第八，植入组织文化。这里指的是组织文化需要与敏捷的核心价值观相契合。将敏捷的核心价值观植入企业的文化，企业的高层管理者也需要持续保持危机意识，要让其下属的各层管理者保持危机感，让每个组织紧密跟踪行业的新型研发能力和技术，持续地学习和尝试，从而保证组织的竞争力。

综上所述，高层管理者应该激发组织内部所有可能的因素，以便提高组织敏捷性。也就是说，向员工明确表明公司的价值观；重视从企业目标向员工个人目标转换的流程和系统；第一时间收集外部经营变化信息和员工之间信息的共享；以及员工之间自由的氛围。以上这些影响因素都可以通过交互控制系统得以解决和实现。简言之，交互控制系统能够激发员工去寻找动荡，进而提高更快速地发现、抓住机会的能力，从而影响组织敏捷性。

五、国内外组织能力的案例分析

1. 浙江省企业家精神分析

世界著名的管理咨询公司埃森哲，曾在 26 个国家和地区与几十万名企业家交谈。其中 79% 的企业领导认为，企业家精神对于企业的成功非常重要。该公司的研究报告也指出，在全球高级主管心目中，企业家精神是企业组织健康长寿的基因和要穴。企业家精神是企业乃至整个社会经济发展的动力，可以适用于各行各业。企业家精神造就了"二战"后日本经济的奇迹，主导了 20 余年美国新经济的兴起。我国的改革开放也与企业家精神有关。如果企业家精神能在全社会得以推广与发扬，毫无疑问将推动全社会的创新与进步，进而对整个国家产生深远而积极的影响。根据我国当前的实际情况，我们在弘扬企业家精神时，要在全社会提倡敬业、踏实与诚信的良好风气。

无数企业以亲身实践论证了企业家精神对企业的重大意义，证实了企业家精神是企业核心竞争力的唯一真实来源。

靠精神凝聚起来的企业人，才可能不折不扣、坚定不移地执行企业的每一个决策。依靠企业理念与企业家精神，不但构成企业的内在发展动力，更成为企业的外部发展机遇。企业家的执着事业心、不停息的创新精神和模范合作精神通过其传递机制，发扬光大，最终缔造出企业的核心竞争力。

　　企业家精神是企业核心竞争力的唯一真实来源，一个活跃的市场，土地、劳动者、资本等要素只有在具有企业家精神的人手中，才能在复杂多变的竞争环境中发展壮大起来，才能真正成为财富的源泉。企业家精神产生巨大作用在我们身边随处可见：一个企业带动了一个城市的发展，一个经理人员的更换使得企业避免倒闭的命运。在我国，浙商的成功就是一个典型例子。著名经济学家吴敬琏称道：浙江是一个具有炽烈企业家精神的地方。浙商的创业欲望和创业能力，就是一种资源和竞争力。他们每到一地，带去的是实干聪明的企业家精神，留下的是为当地创造的就业和税收，更重要的是他们的观念和思路，是一颗启蒙的种子，这是浙商对全国人民的贡献。[①]

　　中国浙江省面积 10 万平方千米，人口 5000 万，自然资源条件相当恶劣，能源基本缺失，耕地资源也严重不足。位于沿海狭长地带，交通极其不便，每年还会遭受风暴潮的袭击。但就是这个省份，在全国经济发展中，一枝独秀：2011 年，全省人均 GDP 达 9083 美元。而且由于企业体制到位，经济发展以民营经济为主体，国有企业改革没有负担与压力；藏富于民，社会民众普遍富裕，区域发展平衡，没有明显的地区差异。同时，由于改革，企业管理水平正稳步上升，诞生了许多国内与国际知名品牌。另外，全省的绿化率水平提高，是改革开放后全国唯一绿化水平不降反升的省份。在全省，没有大的污染源和破坏集中的地带，旅游开发积极勃发。现在，全国众多 IT 行业的服务器也是放在该省，形成了现代产业的发展依托：全国前 3000 名的行业网站，浙江省占 1/5。阿里巴巴更是引领了全中国电子商务的发展。

　　浙江省的健康发展与浙江省的企业家精神有根源性的联系。浙江省

---

　① 张勇著：《中国最需要的企业家》，2016 年 10 月，第 318 – 319 页。

的企业家精神的特质在于创业与务实。包括农民在内的社会各个阶层，创业意识浓厚，愿意自己立业，形成经济上的以家庭经济为主体的模式。在浙江省，未见下层官员一心想升迁、小官一心想做大官的普遍现象，政府比较低调，甘于服务，并创新思路。每年春节一过，浙江人就会离乡背井，远赴全国及世界各地的创业地。同时，浙江社会民风淳厚，人民不善言语，但勤劳刻苦。形式主义比较淡化。许多父母将孩子要么寄养、寄宿，要么直接让孩子在身边，除了学习，就是辅助父母经商。①

2. 万达集团企业家精神分析

万达集团董事长王健林曾说：

> 万达能发展到今天，我觉得最核心的原因就是万达敢于创新。可以说万达 22 年的发展史，其实就是一部创新史。就是敢为人先，想别人不敢想的事，做别人不敢做的事。
>
> 有些人问我"对创业者有什么忠告"，我告诉他最大的忠告就是敢于创业。你不敢创业，就不可能成功。
>
> 万达走到今天，创新走了四步棋，搞旧改、跨区域、创模式、搞文化。万达 1988 年成立的时候，房地产行业是国家严格控制的，为了活下去万达一开始是从棚户区改造开始做起的。通过创产品创新万达迈出了第一步。
>
> 当时房子是没有客厅和卫生间的，万达就设计了一个明厅，设计了一个洗手间。还装上了宽敞的铝合金窗，上了一道防盗门。现在看来都是平常的事情，当时都是创新。后来，万达在销售时，又

---

① 丁栋虹著：《企业家精神——全球价值的道商解析》，2015 年 8 月，第 10 - 11 页。

找电视台赞助了一部电视剧，插入万达的广告。这样一个月时间内，1000 多套房子销售一空。这一单赚了 800 万元。更重要的是从中尝到了一个甜头——搞旧城改造。万达是全国第一家搞旧城改造的企业。

1992 年，万达开始跨区域经营，那是在广州成立了一家公司。当时南北方市场有差异，很多北方企业不敢去南方做生意，但万达去了。尽管在广州开发没有赚多少钱，但重要的是鼓励了万达企业走出去的勇气。万达从 1998 年就开始在全国扩张了。万达成为中国第一家走出地域、异地发展的房地产企业。

经过十几年发展，到 2000 年前后企业规模接近百亿元，在全国几十个城市都有项目，有很高的知名度。但一个员工身患癌症，令我开始思考企业如何稳定、持续发展的问题。因为那时社会保障还没建立，员工保险都没法上。我得考虑为弟兄们将来做一点保障，不至于病不能治、老无所依。

于是万达开了三天务虚会，讨论如何实现万达长期稳定发展。讨论来讨论去，最后得出结论，还是要做一个类似"收租"的物业。但是万达之前做了一些小的"收租"物业并不成功，因为租金回收一直是一个不好解决的问题。有鉴于此，于是万达决定不能搞小物业，一定要搞大的，向世界 500 强公司收租子。

作出这个决定之后，2000 年万达推出第一代产品，搞了第一个购物广场，但是"单店"规模偏小。2002 年到 2003 年的时候，万达开始搞"组合店"，几个楼组合在一起，有电影院、超市、百货等不同业态的服务。但那个时候，这些楼之间并无有机的联系，也没有商业设计。后来直到 2004 年，万达才摸到了诀窍，成立自己的规划院，前期进行了很好的商业设计，设计好之后先去找商家谈判，有了主力店的前期进入，先租后建，就是现在所谓"订单商业地产"模式。这样就规避了浪费、无效、谈判的不对等问题。这个模式创出来到今天一直领先。

2005年万达又提出一个新的概念"城市综合体"。万达城市综合体的核心内容有6个方面，包含酒店、写字楼、公共空间、购物中心、文化娱乐休闲设施、公寓楼等。这是万达在全球的首创。这个模式的创造和创新，使万达获得了绝对的市场优势。

有了这个优势，万达在市场上就有了议价权。地方政府提供的条件好、地价便宜、地理位置好，万达才去，否则就不去。这样使得企业获得了超常规的发展，速度奇快，而且现在势头越来越猛。万达的速度令外国人瞠目结舌，不可思议，创造了世界商业史上的奇迹。

2003年，万达又决定做电影院线。找了几家国内的广电集团谈，都不理想。万达就找到时代华纳，2004年开始合作。但在前两年华纳管理阶段却亏损很大，2006年万达接盘过来之后，通过研究、学习、创新，当年就扭亏为盈。几年下来，一不小心就做到了行业第一。现在已经做了70多家影城，银幕总数超过600块，大概每块屏幕是行业平均收入的三倍，是国外同类型院线的八到十倍。按照这个速度发展下去，几年以后万达可以做到亚洲最大、全球前六七名。当然这跟万达广场综合影响力、综合聚合能力有关，是多种原因促成的。

万达二十多年走下来其实就是走了四步，但这四步每一步都在创新，都是巨大的进步。下一步万达的发展就是要国际化，争做国际万达、百年企业。

任何一项生意，都要把商业模式的再造和组织模式的再造研究好，有创新，这样才有更大的空间。

企业家的创新精神体现为能够发现一般人无法发现的机会，运用一般人不能运用的资源，找到一般人无法想象的办法。因此，企业家是不墨守成规的，不死循环经济环轨道的，常常创造性地变更轨道。这种变更具体体现为引入一种新的产品、提高一种产品的新质量、实行一种新的管理模式、采用一种新的生产办法、开辟一种新的市场，等等。

一位法国学者曾这样描述对具有创新精神的新型企业家：他们很像勇士，能迅速作出决定，具有不寻常的精力和毅力，满怀非凡的勇气和果断的魄力；他们奋不顾身地冲向广阔的经济战场，开辟一片又一片创新的领域；他们以一种广泛、灵活的应变能力和行动准则指导企业运行；他们有青年人的好奇心、发明者的创造欲、初恋者的新鲜感、亚神经质般的敏感性以及建设者和破坏者兼备的变革意识；他们双眼紧盯着国内外的各种信息，紧盯着市场需求，大脑中急骤地将外界的信息重新组合构造出新的创新决策。

本田公司创始人大久保睿塑造的"本田精神"就特别强调创新精神，他把"本田精神"归结为三大观点："人要有创造性，决不模仿别人；要有世界性，不拘泥于狭窄地域；要有被接受性，增强相互的理解。"索尼公司创始人盛田昭夫强调"永不步人后尘，披荆斩棘开创没人问津的新领域"，"干别人不干的事。"他在《走向世界》一书中把开拓新技术称为"求生存的手段"和"企业生存之路"。萨特·沃尔顿创造了沃尔玛，他的成功在于他倡导新观念，重视革新、试验和不断改进。他建立具体的组织制度，以推动革新和进步。他把权利下放到部门经理手中，使他们可以按照自己的意愿管理自己的部门；他建立了奖励制度，对那些提出创新建议的员工给予奖励；他还组织创新竞赛，鼓励员工进行创新试验，使员工在鼓励变革与创新的氛围中工作。沃尔顿把接受新理念的精神传给了自己的继承人，使公司在他去世后仍得以长盛不衰。英特尔公司创始人摩尔的"自己淘汰自己"的理论，也体现了他的创新精神。英特尔公司创立于1968年。摩尔自20世纪70年代初就给自己构筑了打破陈规、创新求进的商业模式——不断改进芯片的设计，以技术创新满足计算机制造商及软件硬件产品公司的更新换代、提高性能的需求。摩尔提出，计算机的性能每18个月翻一番，只有永不停顿，不断创新，自己淘汰自己，才能获得高额利润，并将获得的资金投入下一轮的技术开发中去。摩尔不断创新的理论被人誉为"摩尔定律"。

总之，没有企业家的精神，企业便不能打破僵化、过时的东西，开创企业乃至社会生产和生活方式的新局面；没有企业家的创新精神，既不可能产生企业的核心技术专长，也不可能产生企业高效率的组织形式、管理方法和先进制度，更不可能产生新的市场机会。①

3. 华为公司企业家精神分析

华为公司是任正非管理思想的试验场。正是任正非本人创造的一套完整的、科学的、具有很强创新性与前瞻性的、以企业家精神为依托的

---

① 张勇著：《中国最需要的企业家》，2016年10月，第53－57页。

思想体系，才使华为公司实现知识经济与英雄主义的组合。任正非的企业家精神与思想体系具体如表 2.4 所示。

表 2.4　任正非的企业家精神与思想体系

精神特质	思想内涵
不畏风险	不冒风险，才是最大的风险。
一切源自创新	中国不缺少科技致富的种子，是缺少使种子成长的土壤，这就是创新机制。
天生我材必有用	选择有社会责任者成为管理者，让成就个人欲望者成为英雄模范。
职业化公司	华为曾是一个英雄创造历史的小公司，在发展到规模化后，淡化英雄色彩，淡化领导人，是实现职业化的必由之路。
没有永远的领先者	即使我们的产品暂时先进也是短暂的，要趁着短暂的领先，尽快抢占一些市场，加大投入来巩固和延长我们的先进，否则，一点点领先的优势会稍纵即逝。
求学于作战之中	我们总不能等待没有问题才去进攻，而是要在海外市场搏击中，熟悉市场，赢得市场，培养和造就干部。
危机随时都在	十多年来，我天天思考的都是失败，对成功视而不见，没有荣誉感、自豪感，而是危机感。失败是一定要来的，这是历史规律，大家要准备迎接。
华为的扬弃	我们就是要从必然王国走向自由王国。华为就是要人为地制定一些规则，进行引导、制约，使之运行合理，这就是自由。
理从客来	从来不向客户要项目，而是以服务获得回报为手段，客户服务是华为生存的理由。

任正非曾经以"狼"来形容企业的个性。狼有敏锐的嗅觉，习惯团队作战，能够发现机会并且死死咬住，不会轻易放弃。在塑造华为企业文化的过程中，任正非表现出极强的个性。在《华为基本法》中有

这样的条款："高层重大决策从贤不从众，真理往往掌握在少数人手里。"

华为总裁任正非有一段著名的话："资源是会枯竭的，唯有文化才会生生不息。一切产品都是人类智慧创造的，华为没有可以依存的自然资源，唯有在人的头脑中挖掘出大油田、大森林、大煤矿。"在《华为的冬天》里，任正非指出了企业发展的八条原则：一是均衡发展，就是抓短的一块木板；二是对事负责制；三是自我批判；四是建立合理评价干部的有序、有效的制度；五是不盲目创新；六是规范化管理；七是面对变革要有一颗平常心；八是模板化是所有员工快速管理进步的法宝。这八项原则与一般企业"加强管理"的口号所不同的是，它实际上都是面对市场新形势下的管理思路，表现形式是细化了加强管理的思路，而非仅仅是"加强管理"这个口号，也非在"加强管理"这个口号下的若干条具体措施。这一区别可能会造成结果的巨大差异。与直接推出具体管理措施相比，从管理思路入手无疑效果要好得多。优秀的管理思想具有强大的渗透力和感染力，同时，它是具体管理措施的指引和方向。

华为核心的观念体现在《华为基本法》中。1995—1998年，华为公司组织了包括中国人民大学六位教授在内的强大的咨询力量，八易其稿，整理出《华为基本法》，完整地阐述了华为公司的价值观体系和管理政策系统，成为华为公司企业管理及各部门、各级主管的决策指南和全体员工的行为准则。

华为基本法

核心价值观

追求

第一条 我们的追求是在电子信息领域实现顾客的梦想，并依靠点点滴滴、持之以恒的艰苦追求，使我们成为世界级领先企业。

员工

第二条 认真负责和管理有效的员工是我们公司最大的财富。新生知识、新生人格、新生个性，坚持团队协作的集体奋斗和决不迁就有功但落后的员工，是我们事业可持续成长的内在要求。

技术

第三条 广泛吸收世界电子信息领域的最新科研成果，虚心向国内外优秀企业学习，独立自主和创造性地发展自己的核心技术和产品系列，用我们卓越的技术和产品自立于世界通信列强之林。

精神

第四条 爱祖国、爱人民、爱事业和爱生活是我们凝聚力的源泉。企业家精神、创新精神、敬业精神和团队精神是我们企业文化的精髓。我们决不让雷锋们、焦裕禄们吃亏，奉献者定当得到合理的回报。

利益

第五条 我们主张在顾客、员工和合作者之间结成利益共同体，并力图使顾客满意、员工满意和合作者满意。

社会责任

第六条 我们以产业报国，以科教兴国为己任，以公司的发展为所在社区作出贡献。为伟大祖国的繁荣昌盛，为中华民族的振兴，为自己和家人的幸福而不懈努力。

顾客

第七条 我们的目标是以优异的产品、可靠的质量、优越的终生效能费用比和周到的服务满足顾客的最高需求。并以此赢得行业内普遍的赞誉和顾客长期的信赖，确立起稳固的竞争优势。

人力资本

第八条 我们强调人力资本不断增值的目标优先于财务资本增值的目标。具有共同的价值观和各具专长的自律的员工，是公司的人力资本。不断提高员工的精神境界和相互之间的协作技巧，以及不断提高员工独特且精湛的技能、专长与经验，是公司财务资本和其他资源增值的基础。

核心技术

第九条 我们的目标是在开放的基础上独立自主地发展具有世界领先水平的通信和信息技术支撑体系。通过吸收世界各国的现代文明，吸收前人、同行和竞争对手的一切优点，依靠有组织的创新，形成不可替代的核心技术专长，持续且有步骤地开发出具有竞争优势和高附加值的新产品。

利润

第十条 我们将按照我们的事业可持续成长的要求，设立每个时期的足够高的利润率和利润目标，而不单纯追求利润的最大化。

公司的成长

成长领域

第十一条 只有我们看准了时机和有了新的构想，确信能够在该领域中对顾客作出与众不同的贡献时，才进入新的相关领域。

公司进入新的成长领域，应当有利于提高我们的核心技术水平，有利于增强已有的市场地位，有利于共享和吸引更多的资源。顺应技术发展的大趋势，顺应市场变化的大趋势，顺应社会发展的大趋势，就能使我们避免大的风险。

成长的牵引

第十二条　机会、技术、产品和人才是公司成长的主要牵引力。这四种力量之间存在着相互作用。机会牵引人才，人才牵引技术，技术牵引产品，产品牵引更多、更大的机会。加大这四种力量的牵引力度，促进它们之间的良性循环，并使之落实在公司的高层组织形态上，就会加快公司的成长。

成长速度

第十三条　我们追求在一定利润率水平上的成长的最大化。我们必须达到和保持高于行业平均的增长速度和行业中主要竞争对手的增长速度，以增强企业的实力，吸引最优秀的人才和实现公司各种经营资源的最佳配置。在电子信息产业中，要么成为领先者，要么被淘汰，没有第三条路可走。

成长管理

第十四条　我们不单纯追求规模上的扩展，而是要使自己变得更优秀。因此，高层领导必须警惕长期高速增长有可能给公司组织造成的紧张、脆弱和隐藏的缺点，必须对成长进行有效的管理。在促进公司迅速成为一个大规模企业的同时，必须以更大的管理努力，促使公司更加灵活和更为有效。始终保持造势与务实的协调发展。

我们必须为快速成长做好财务上的规划，防止公司在成长过程中陷入财务困境而使成长遭受挫折，财务战略对成长的重要性不亚于技术战略、产品战略和市场战略。

我们必须在人才、技术、组织和分配制度等方面，及时地做好规划、开发、储备和改革，使公司获得可持续的发展。[1]

一部华为发展史就是一部危机管理史。几十年来的全球信息产业史所展现的就是一场"死亡竞跑"，永远有不知名的新晋者找到新的商业模式，从而摧毁一个或几个百年贵族，而当新贵们不再有创新与进步时，又会有另外的挑战者迅速占领舞台，其残酷性乃至于惨烈程度只有亲历者才能有切肤感受。任正非当然是大历史的亲历者，再加上他与生俱来的使命感和理想主义追求，使他不可能不时刻感受到危机的压迫，久而久之，形成了一种"理想精神与危机意识"相混合的思维定式，并将之传导到华为文化的方方面面。

2001 年 3 月，正值华为企业经营发展势头良好的时候，华为公司总裁任正非却发表了题目《华为的冬天》的文章。文章丝毫不提华为的成就，却要求华为的员工们："我们大家一起想，怎么才能活下去，也许只有这样才能存活得久一些。失败这一天是一定会到来，大家要准备迎接，这是我从不动摇的看法，这是历史规律。……公司所有员工是

---

① 丁栋虹著：《企业家精神——全球价值的道商解析》，2015 年 8 月，第 75 - 78 页，238 - 239 页，245 页。

否考虑过，如果有一天，公司销售额下滑、利润下滑甚至破产，我们怎么办？我们公司的太平时间太长了，这也许就是我们的灾难。泰坦尼克号也是在一片欢呼声中出的海。而且我相信，这一天一定会到来。面对这样的未来，我们怎样来处理，我们是不是思考过？居安思危，不是危言耸听。……不要总想着做第一、第二或第三，不要抢登山头，不要有赌博心理。喜马拉雅山顶寒冷得很，不容易活下来。华为的最低和最高战略都是如何活下来，你活得比别人长久，你就是成功者。"

任正非一直保持着危机意识，并且始终将他的危机意识传递到公司上上下下："我们远不如朗讯（Lucent）、摩托罗拉（Motorola）、阿尔卡特（Alcatel）、诺基亚（Nokia）、思科（Cisco）、爱立信（Ericsson）等那些有着国际工作经验的公司。我们在国外更应向竞争对手学习，把他们作为我们的老师。我们要在海外市场的搏击中熟悉市场，赢得市场，培养和造就干部队伍。我们现在还十分危险，完全不具备这种能力。若3~5年之内建立不起国际化的队伍，中国市场一旦饱和，我们将坐以待毙。"《华为的冬天》提出了华为公司应对冬天的思路与措施。任正非惯有的忧郁和沧桑论调背后的心态，值得所有竞争性行业管理者学习。

华为的三个冬天

第一次警告冬天

华为在2000年以销售额152亿元和利润29亿元人民币位居全国电子百强首位的时候，其创始人任正非却大谈危机和失败。"十年来，我天天思考的都是失败，对成功视而不见，也没有什么荣誉感、自豪感，而是危机感。"也许是这样，华为才存活了十年。

第二次警告冬天

在 2004 年第三季度的内部讲话中，任正非再称，华为要注意冬天。在长达 13 000 字的讲话稿中，任正非检讨、审视了华为目前遇到的严峻困难，称这场生死存亡的斗争本质是质量、服务和成本的竞争。但与上次相比，此次冬天的预告影响力有所减弱，主要是任正非更加细致地探讨华为的内部问题。

第三次警告冬天

在危机意识洗礼了华为 8 年后，华为 CEO 任正非又一次提及"冬天"。他说，要"对经济全球化以及市场竞争的艰难性、残酷性做好充分的心理准备"。并提醒员工："经济形势可能出现下滑，希望高级干部要有充分的心理准备。也许 2009 年、2010 年还会更加困难。"①

4. 企业 C 组织敏捷性分析

如果企业的文化不是抵制新事物，就可以通过敏捷转型委员会通告全员：我们面临什么样的紧迫性，为什么要转型，我们转型为了实现什么样的愿景。转型愿景的沟通会可以通过类似"敏捷动员会"的方式实现。

企业 C 的业务线总裁李总，在决定试点敏捷的时候召开了多场敏捷动员会。

第一次动员会，他只召集了管理团队，让大家对转型的原因有所共识，并且与管理团队共同创立了转型的愿景，从而获得了大多

---

① 丁栋虹著：《企业家精神——全球价值的道商解析》，2015 年 8 月，第 238 - 239 页。

数管理层的支持。当然，总会有人怀疑，私下反对，甚至公开反对，但是，我们不需要等到所有人都完全支持的时候才开始，因为永远不可能只通过沟通就获得所有人的支持。对于那些怀疑和反对的人，敏捷转型委员会需要私下继续做他们的思想工作。

选定试点团队后，敏捷转型委员会与团队的领导者私下沟通转型愿景，确定他们对敏捷的认可和对试点的热情后，召集试点团队全员开动员会。敏捷转型委员会亲自与试点团队的工程师对话，沟通转型的愿景，强调敏捷对整个企业的关键意义。从而，试点团队全员对自身要承担的使命有了认识，开始认真地学习和实践敏捷。

试点阶段结束后，敏捷转型委员会决定扩大规模，整个业务线全面转型。于是敏捷转型委员会召集所有部门的主管做动员会，会上邀请试点团队现身说法，分享自己敏捷之路的收获和感悟；此外，还邀请其他业务线的领导分享组织转型的经验。分享后，该企业召开闭门会议，让各部门主管畅谈自己的体会，看是否愿意让自己的部门加入敏捷转型的行列。此时，相比第一次动员会，有很多的主管开始拥抱敏捷，但是仍旧有一些主管怀疑敏捷不适合自己的业务，希望从其他部门先开刀，自己最后行动。此时，我们仍旧不需要获得所有人的完全支持，因为那不太可能。那些个别不支持敏捷的管理者，敏捷转型委员会将继续做他们的工作。

敏捷转型委员会在获得绝大多数主管的承诺后，召集全员启动会，向全员沟通转型的愿景。在会上，试点团队再一次现身说法，讲述自己的体会。业务线总裁李总向全员表示转型的决心。

由此可以看出，沟通愿景是一个反复、持续进行的活动。①

5. 嘉年华组织敏捷性分析

对时机的正确把握并不意味着一定要率先抓住机会，因为过早和过晚一样糟糕。

在学术界流传着一个老笑话：两个自由市场派的经济学家走在芝加哥大学街（Chicago's University Avenue）上，有一个人突然喊道："快看！地上有 20 美元！"另一个人看都没看就回应道："不可能，要是有的话，早就被别人捡走了。"即使是一个糟糕的笑话也有其意义，这个笑话就强调了机会转瞬即逝的特点。在竞争市场中，企业家和公司一直都在到处寻找赚钱的机会，一旦有好机会就应该赶紧抓住。20 美元的钞票可不会在地上等你太久。

在把握转瞬即逝的机会时，时机决定了一切。影响着机会的性质、力度、时机的各种变量在不断地改变：第一扇机会之窗也许会打开一段时间，第二扇机会之窗可能会突然间完全敞开，而第三扇机会之窗则随时可能关闭。艾瑞森跨入邮轮业的最初几年，很善于在机会的窗口中来回穿梭。1978 年，嘉年华订购了"热带号"邮轮（the Tropicale），它是公司十年来新订购的第一艘邮轮，也是当时造价最为昂贵的邮轮，估计高达 1.1 亿美元。

在创业的最初六年里，艾瑞森几乎没有创造什么利润，却能让他的公司在经济低迷的情况下买得起昂贵的新船，这让当时的业内人士十分震惊。艾瑞森买船的时机把握得真是无懈可击，因为他能

---

① 王明兰著：《敏捷转型：打造 VUCA 时代的高效能组织》，2018 年 10 月，第 59 - 60 页。

够理清大环境的变化。丹麦的经济在几十年的健康成长之后，于20世纪70年代末开始出现滞胀。北欧国家的经济增长速度下降了三分之二，失业率上升了四倍。为了支持航运业的发展，丹麦政府提供七成的低息贷款，资助在当地建造的船舶。嘉年华是最先利用这个新融资机会的公司，它购买了足够大又足够豪华的船，大到足以拥抱规模经济，豪华到足以增加顾客支付邮轮费用的意愿。

大环境中其他方面的变化，也为"热带号"创造了需求。1978年10月，总统吉米·卡特（Jimmy Carter）签署了一项法案，解除对美国航空业的管制。卡特总统的大笔一挥，使美国国内机票的平均价格下降了三分之一（到1990年），而乘客的飞行里程则增加了一倍。飞往迈阿密的便宜机票刺激了人们对邮轮的需求；就在法案签署之前的1977年，美国广播公司（ABC）的电视剧集《爱之船》（The Love Boat）开始播出，让许多美国人开始认识邮轮出行。这个节目等于为邮轮业做了十年之久的免费广告，把邮轮塑造成了融欢乐、浪漫和性爱于一体的旅游胜地。在《爱之船》长达十年的播出时间中，加勒比邮轮的需求量几乎增加了三倍。

时机的选择再一次成为关键——1979年米奇·艾瑞森接任父亲的嘉年华总裁一职。1987年7月，他把嘉年华的部门股份带到美国证券交易所做首次公开发行（IPO），净赚4亿美元，同时保留了艾瑞森家族对嘉年华80%的控股权。熟悉传统航运业的证券分析师们努力对邮政业作出解释。在20世纪80年代股市大涨的火热日子里，投资人放弃了自己对新行业持有的疑虑，纷纷抢购嘉年华的股票。同年10月，挪威邮轮也宣布了上市意向，但在随后的一周就打消了念头，因为道琼斯指数暴跌近四分之一（是当时的单日最大跌幅）。这个黑色星期一的诞生，"砰"的一声关上了挪威邮轮在股市融资的时机之窗。

米奇·艾瑞森没有浪费任何时间，他把嘉年华上市所得的资金进行了充分利用。在公司股票刚刚上市的前几个月里，他就开始讨论收购皇家加勒比邮轮公司的事宜。投标失败后，他转而买下了荷美邮轮公司（Holland America），由此开始了嘉年华一系列的收购行动。皇家加勒比邮轮公司通过向普利兹克（Pritzker）和欧佛（Ofer）家族出售股份来维持自己的独立运营，十年之后才涉足大型收购活动。挪威邮轮公司由于缺乏嘉年华那样雄厚的资金，在公司收购和船舶建造上无法与对手较量，只能眼睁睁在一边观望着邮轮业的整合态势。

对时机的正确把握并不意味着一定要率先抓住时机，因为过早和过晚一样糟糕。嘉年华先后赶超了一系列较早进入邮轮业的公司，这些公司不仅包括挪威邮轮和皇家邮轮，还包括旗舰邮轮（Flagship Cruises）、慎雅邮轮（Prudential – Grace Lines），还有东方邮轮（Eastern Cruise Lines）等昙花一现、如今仅见于史册的公司。如果泰德·艾瑞森在《爱之船》开播与航空业开放的前五年就委托制造"热带号"邮轮的话，就可能无法吸引足够的游客填满整艘船的房间。要是米奇·艾瑞森在20世纪80年代初期就推动嘉年华上市，公司较短的运营记录和并不活跃的资本市场，都可能降低首次公开发行的股票价格，也许连上市都难以实现。[①]

6.《易经》中组织敏捷性启迪

组织敏捷性不是为了提高速度，而是为了改善时机——在正确的时

---

① 唐纳德·萨尔著：《动荡：企业的黄金机会》，2011 年 3 月，第 35 – 37 页。

间做正确的事情。强调组织敏捷性的目的是以求应变，而不是为变而变。

《易经》中强调"经权"。什么叫"经权"？"经"就是《易经》中的"不易"，也就是"常道"，是不能变的东西，一变就乱了套。"权"为《易经》中的"变易"，也就是"变化"或"变通"。

"经"是组织成员的共识。

"经"是"常道"的意思。就是我们这些同事，彼此之间有个共识，经常要注意的道理，不可违背的原则。

管理一定要按照规范行事，因为管理要有一个依据，而这个依据就是共同的认识、管理的原则，也就是管理的规范。

企业应该有本公司独特的经营理念，由这些经营理念来建立一套经营管理的原则，作为全体成员的共识。这套经营管理的原则，是谁都不能违反的，这就叫企业文化。我们今天嘴巴都在讲企业文化，实际上不了解什么叫企业文化。

"经"要大家一起来念，才会产生作用。只有一个人知道，有什么用？如果一个公司，老板有老板的想法，下属有下属的想法，员工有员工的想法，在管理原则上搞多元化，那这家公司恐怕就得准备关门了。因为一旦是见仁见智，管理就会很混乱，永远没有秩序，导致各搞各的，各怀鬼胎，各自为战，力量就彼此抵消内耗掉了。

"经"要达成共识，有赖于内部的经常沟通，互相影响。

"权"是配合时空的态度。

"权"就是"权宜应变"的意思，我们为了适应当前的环境，不得不有所变更，作出一些改变，以求制宜。

一切道理，都必须配合时间和空间而调整，但不是变。"变"和"调整"是有区分的。中国人只会调整，不会去变的。管理原则，当然也应该在时间和空间的变动中求取平衡点。我们要根据原来的原则来做调整，而不是变。

人、事、地、物、时，常常在改变，所以管理的措施，也应该时时不忘调整，以求应变。但是，调整的目的是求应变，而不是为变而变。我们现在许多人是为变而变，动不动就变，讲创新是唯一的途径。这是不对的。强调求新求变，原本就是一种偏道。

时间或空间一改变，原则的运用也要随之调整，称为"应时而造道"。为了配合时空的需求，我们作出密切配合的调整，等于又造出一条新的通道。但新的通道是临时的，在时空不需要时，我们仍应回到原道上来，因为"根本"永远是需要照顾的。变是一时应急的变，而不是变就是好的，这和今天的观念是不一样的。①

一个真正的企业家要有强烈的使命感和忧患意识，自立而立人，自达而达人，自觉而觉他。而当今的中国企业的精英们离这一要求还有很大的差距，不能算是真正意义上的企业家。具体而言，企业家首先应具

① 曾仕强著：《大道至简》，2018年4月，第134－136页。

备以下几种素质：第一，要具备一定的哲学思想；第二，要有承担社会公益、道德、理念的回归社会的精神，既不片面地追求社会效益，也不片面地追求经济效益；第三，要具备相当于现代 MBA 的管理水平和技术知识；第四，要拥有全方位的健康身体，包括生理和心理的健康。例如，很流行的 59 岁犯罪现象以及一些"大款"挣了钱就去吃喝玩乐的现象就说明他们心态上有问题，这是一种非健康状态。另外，从中国传统文化的角度看，中国的企业家也必须是能够自觉觉他、己达达人的，具备带动社区、全社会全赢的理念①。

"心"其实就是内圣外王之道。"内"即内在的素质、精神，"外"即外在的行为。中国要发展，要走向世界，首先要立足本土，先定魂，然后才是全球化。也就是说，对内要把中华民族的优秀品德传承。一旦传承了优秀的民族智慧和品德，人们就可以毫无约束，轻装上阵于国际的起跑线上。没有包袱，有的只是开放、公正、自由的竞争与发展。只要自信、自重、自尊，进而向西方先进文明、商业规则学习，一个精蕴的中华文明重新屹立在 21 世纪就绝非虚言。而谁能完成这一责任呢？应该说，WTO 的加入，给中国带来了许多潜在的机遇和挑战，它可以使人们从体制的制约中获得彻底的解放，并从企业的改革中完全获得自救。所以，当代能够完成"内圣外王之道"的，首先应该是中国的企业家——中华民族智慧与德业、承担与行愿的传承者。只有当"知本"与"资本"两者结为一体时，中国的企业、中国的社会才能真正焕发出最大的能量和光芒。这是中国未来企业家的使命，也是中国未来社会兴衰的契机。

企业家要提倡零项修炼，即心态归零，做到心平气和。人只有在心

---

① 王绍璠著：《用心塑造企业家》，《中国改革报》，2006 年 2 月。

平气和时才易平衡，否则，就容易失去平衡、善念，有所执着。所以，一定要随时修正自己的行为，随时归零。"心"的回归来源于中国的禅文化，它超越了宗教的排他性。禅文化不提倡信仰，而是提倡自信、诚实、打破僵化，提倡向外学习，甚至是向仇人学习，对内不应妄自菲薄。

第三章

国内外管理控制系统的案例分析

管理控制系统是组织价值创造的必要环节。企业的管理人员通过管理控制系统来促成与员工之间的对话互动，趋向于实现组织的竞争目标。本章从国内和国外层面，重点对企业所构建的管理控制进行研究，分析管理控制应用、经济后果现状及其成因，为进一步研究经营战略对财务绩效的影响机制提供基础数据以及逻辑起点，以形成深入全面的结论。

第一节　中国管理控制系统应用现状

一、海尔集团

海尔集团截止 2019 年三季报，总收入约为 1482.13 亿元，占家用电器行业第三位。海尔集团从 1984 年创业至现在，经历了名牌战略发展阶段、多元化战略发展阶段、国际化战略发展阶段、全球化品牌战略发展阶段、网络化战略发展阶段五个阶段。2019 年 12 月，海尔集团进入第六个战略发展阶段，目标是创引领的物联网生态品牌。

2005 年 9 月 20 日，海尔集团董事局主席、首席执行官张瑞敏提出"人单合一"管理模式，"人"即员工；"单"不是狭义的订单，而是用户需求，即每个员工基于用户需求的工作目标；人单合一就是员工和用户结合到一起，员工在为用户创造价值的同时实现自身价值，即员工与用户合一、创造价值与分享价值合一。

人单合一被视为海尔适应动态商业环境的管理模式。海尔孕育的经营理念，即未来组织模式不是现在的科层制的封闭企业，而一定是自组织。人单合一蕴藏海尔精神，共同推动海尔人单合一模式成为划时代管理变革的引领者。

从海尔集团的相关资料可以发现，企业的新型管理模式摒弃了泰勒、马克斯·韦伯和法约尔的传统管理理论，而趋向走入互联网时代的管理。互联网时代的组织的三点特征；即零距离、去中心化和分布式，具体阐述如下：

第一，零距离颠覆了泰勒的"科学管理理论"。科学管理理论以动作时间研究著称，动作时间研究的结果形成了今天的流水线，在流水线上，人是没有创造力的，完全变成机器的附庸。而在互联网时代，用户和企业之间必须零距离，只有零距离才能满足用户的个性化需求，大规模制造注定被大规模定制所代替。

第二，去中心化颠覆了马克斯·韦伯的"科层制理论"。科层制理论的组织架构是金字塔式的，这种"正三角"形的组织里充满了各种阶层，从决策层、管理层到操作层，逐层增大，基层人员的自主空间很小。而在互联网时代，所谓去中心化就是每个人都是中心，对内部而言每个员工都是中心，对外部而言每个用户都是中心，金字塔式的组织架构要变的扁平化。

第三，分布式颠覆了法约尔的"一般管理理论"。一般管理理论强调的是企业内部职能的再平衡，但无论怎样平衡都是内部封闭起来做一件事。根据乔伊法则，最聪明的人永远在企业外部。互联网为企业利用这些分布式的资源创造了条件，企业要从封闭变得开放，世界就是企业的研发部，世界就是企业的人力资源部。

基于戴天婧等（2012）针对海尔集团自主经营体的深入访谈报告，我们可以发现海尔自主经营体执行管理控制系统时，更注重交互式的管理控制系统。海尔集团自主经营体为了解决企业目标与员工个人目标的和谐统一、激励相容，企业内部提炼为以"锁单、动人、动机制、动流程"为中心的管理方式。也就是说，锁定市场目标的动态来调整员工，而且用灵活的和开放的方式选择团队、机制和流程。海尔集团突破了将股东作为委托人、经理作为代理人的委托代理关系，而是将市场和客户作为委托人，员工作为代理人，基于市场和客户的目标需求筛选出能够完成目标的员工为代理人。

由此可见，海尔摒弃了一般科层制企业所应用的自上而下的传统管理控制系统，而是把原来"正三角"形金字塔式的组织架构倒置过来成为"倒三角"形组织架构。这种管理控制诠释了交互式管理控制系统的理念。简言之，为了创造价值，海尔集团的管理者和员工一起听命用户，通过自下而上的信息共享和信息反馈，实现全组织各个阶层管理人员和员工之间的交流对话。在战略执行和管理控制过程中，既能及时地收集商业环境的变化信息，也能持续地推进集团的行动计划。

总体而言，海尔集团的目标是根据市场竞争力确定、由一线员工承诺的，员工可以通过自己对市场的了解，协调各个部门最优的资源配置计划，使得资源流向最优的项目，促进市场机遇的确定和修正（戴天婧等，2012），提高了企业组织能力。

此外，海尔秉承着"创新、协同、绿色、开放、共享"的发展理念，已连续十四年发布《企业环境报告》，展示其勇于承担生态环境责任的国家化企业形象。海尔集团从 2016 年至今，环境、社会和公司治理（ESG）综合评级持续保持 B 等级，处于行业领先地位，不断在实践中迭代创新"人单合一"模式，推进生态圈、生态收入、生态品牌的"三生"体系为核心的物联网生态模式的进一步转型，以实现绿色发展。

二、上汽集团

上汽集团，全称上海汽车集团股份有限公司，是 A 股市场最大的汽车上市公司，总股本达到 116.83 亿股。上汽集团加快转型升级，从传统的制造型企业，向为消费者提供移动出行服务与产品的综合供应商发展。公司主要业务包括整车及零部件的研发、生产和销售，汽车服务贸易业务，汽车相关金融业务，以及海外运营和国际商贸业务，并在产业大数据和人工智能领域积极布局。

公司的核心竞争力主要体现在三个方面：一是国内领先的市场竞争优势；二是协同融合的产业体系优势；三是持续提升的创新能力优势。在管理控制方面，上汽集团坚持"人才是科学发展第一资源"。上汽集团崇尚"以有效的学习培养人、以合理的制度激励人、以艰巨的工作锻炼人、以精彩的事业吸引人、以真挚的情感留住人"的人才价值理念，打造满足企业未来发展方向的优秀人才队伍。

2000 年至 2008 年，公司大量引进国际领先企业的信息化管理、质量管理、成本管理和战略管理等理念，开展了广泛的管理控制变革。在管理控制时，重在过程控制和审核，落实质量责任，同时及时处理和反馈质量信息。为了实现人力资源优势和管控的有效性，企业配套实施激励和考核管理，即试行年薪制及项目承包专项奖励，推出技术开发成果奖励办法，完善分配和激励体制等政策（张娜娜等，2019）。

2009 年至今，进一步推行精益管理，启动员工持股计划，深化国企改革的同步配套管理控制模式，实施健全管理机制。直至 2018 年，为了能够较好激发核心人才队伍及高级管理者的积极性和创造性，持续实施薪酬与公司绩效和个人业绩挂钩的绩效考核标准和薪酬管理体系。此外，2019 年，企业围绕愿景、使命、价值观和"新四化"战略布局，大力推进员工培训教育工作，加快推进组织能力提升。

上汽集团的核心人才管理理念如下：

上汽集团关注人才的职业发展和成长。公司将"职业发展双通道体系"作为人才成长管理的基本要求，不断建设和完善人才职业发展的专业和管理通道。根据不同职业发展路线，构建定制化的培训培养体系，开展不同类型人才的针对性、多样性激励，使不同的人才在各自职业发展道路上取得成功和收获。

公司注重发挥集团整体人才资源优势，通过协调配置、跨国派遣、挂职锻炼、项目咨询、业务指导等多种形式，有计划地安排复合型人才作跨业务、跨地区的工作交流。借助自主品牌、国际项目、种子基金、创新之家等各类平台，集聚公司内外技术优势、整合经验和资源，促进人才的可持续发展。

2019 年，企业加大力度推进创新转型培训，加快推进上汽集团人才队伍建设：①

第一，加强高级经营管理人才队伍建设，公司通过举办厂部级领导干部"双周讲堂"、海外培训、青年干部培训班、清华大学创新专题研修班等方式，丰富高级经营管理人才的知识结构，达到开拓视野、丰富思维、提高能力和促进工作的目的。

第二，举办新进员工入职培训，组织上汽集团新进大学毕业生入职培训 17 期，覆盖所有 2019 年新进大学毕业生，帮助新入职员工了解上汽文化、树立集团意识。

第三，深化专业技术人才培养。2019 年完成汽车专业工程师继续教育培训近 3 万人次，此外，开展会计、内审等专业技术人才继续教育近 2000 人次。

第四，强化技能人才培养。实施技师继续教育并组织高技能人才参加行业考评员培训；深化职业技能竞赛，开展各层面竞赛及参赛项目 10 余项。2019 年，上汽集团有近万名技能人才通过职业技能培训和鉴定实现职业技能等级晋升，其中高级工及以上约 800 人。自 2011 年获批高技能人才培养基地以来，上汽集团不断加大实训基地建设投入力度，已建成实训基地总建筑面积约 3.55 万平方米。

由此可见，上汽集团在管理控制过程中，重在过程管控和人才培养。过程管理控制，即非传统的诊断控制方式，而是以交互的、过程的、开放的控制方式为企业创新导向管理控制系统的使用方式。因此，交互控制促使高级管理层重视员工自下而上的反馈，通过引导组织各层级的管理者与员工进行交流和讨论，从而增加差异以及关注变化，并进

---

① 上汽集团 2019 年年度报告。

一步对现行战略的根本基础提出疑问，进而推动新战略的产生。这是一个双反馈循环，同时也是双循环学习过程（冉秋红和吴雅玲，2020；阿伯内西和布劳内尔，1997），并采用一系列内部培训，最终提升组织学习能力。

三、华润集团

华润集团，全称华润（集团）有限公司，是一家在香港注册和运营的多元化控股企业集团，其前身是 1938 年于香港成立的"联和行"，1948 年改组更名为华润公司，1952 年隶属关系由中共中央办公厅变为中央贸易部（现为商务部）。1983 年，改组成立华润（集团）有限公司。1999 年 12 月，与外经贸部脱钩，列为中央管理。2003 年，归属国务院国有资产监督管理委员会直接管理，被列为国有重点骨干企业。2019 年，华润集团位列《财富》杂志全球 500 强第 80 位，社会责任发展指数连续第三年蝉联中国 300 强企业第一。集团 2019 年度总资产达16180 亿元，同比增长 12.4%；利润总额 726 亿元，同比增长 9.8%；营业额 6546 亿元，同比增长 7.6%；净利润 511 亿元，同比增长13.3%。此外，集团 2019 年新增专利 95 件，获得重大创新奖项 11 项，研发投入 23.32 亿元，同比增长 43.9%。

集团核心业务包括消费品、电力、地产、医药、水泥、燃气、金融等。华润的多元化业务具有良好的产业基础和市场竞争优势，其中零售、啤酒、电力、地产、燃气、医药已建立行业领先地位。华润零售、华润雪花啤酒、华润燃气经营规模全国第一。华润电力是中国业绩增长最快、运营成本最低、经营效率最好的独立发电企业；华润置地是中国内地最具实力的综合地产开发商之一；雪花啤酒、怡宝水、万家超市、万象城是享誉全国的著名品牌。华润在香港拥有华润啤酒、华润电力、华润置地、华润水泥、华润燃气、华润医药、华润医疗等多家上市公司，在内地间接控股华润三九、华润双鹤、东阿阿胶、华润江中、华润微电子多家上市公司。

华润的文化理念体系包括使命、愿景、价值观、发展理念和企业精神五大要素。使命回答的是"我们为什么而存在"的问题，体现了华润作为央企的崇高责任，是华润持续发展的内在驱动力；愿景回答的是"我们要去哪里"的问题，描绘了全体华润人为之奋斗的理想蓝图，是华润为履行庄严使命必须树立的追求；价值观回答的是"我们应该怎样做"的问题，是华润文化的核心，是全体华润人必须共同信奉和始终坚守的价值标准和基本信念；发展理念回答的是"我们遵循何种法则"，是指导华润经营管理活动的总体原则，是为履行使命、实现愿景而必须遵循的经营哲学；企业精神回答的是"我们应具有什么样的内心态度和行为风格"的问题，是全体华润人应该具备的团队气质和精神风貌，是华润价值观在员工思想行为层面的延伸。

华润集团树立"大众信赖和喜爱的全球化企业"的愿景，胸怀"引领商业进步，共创美好生活"的使命，恪守"诚实守信、业绩导向、以人为本、创新发展"的价值观，严格遵循"做实、做强、做大、做好、做长"的发展理念，大力弘扬"务实、专业、协同、奉献"的企业精神。而且华润坚信凝聚人本力量，秉持以人为本、关爱员工的理念，从生活、情感和成长环节关爱和指导员工，始终将员工自身利益和发展放在企业发展的第一位，为员工构建价值实现的平台。

其中，诚实守信是华润的核心价值观，是华润建基立业的根本；业绩导向是华润发展壮大的支撑；以人为本是华润价值创造的宗旨；创新发展是华润迎接挑战的动力。在华润，"以人为本"意味着尊重人的价值，开发人的潜能，升华人的心灵，从生活、情感和成长环节关爱和善待员工、为员工构建价值实现的平台，共享发展成果。同时顺应并满足人性的合理需求，倡导积极向上、绿色健康的生活方式，为客户提供优质的产品与服务。

做实，意味着做实对利益相关方的诚信承诺，守住依法合规底线；做实基础管控体系，落实制度文化，实现管理决策的规范化、透明化、专业化；做实商业模式，提升发展质量和效益。做强，意味着在关键技术经济指标、资本回报水平、运行效率、产品竞争力、品牌影响力以及资本市场地位等方面优于同行，引领行业进步。不仅要做到业务板块整个层面上好，还要做到业务板块下每个项目、每家公司都能达到行业优秀水平。做大，意味着在做强的同时，努力争取在经营规模、市场份额等方面达到行业的领先水平，以致对行业有重大的影响。做好，意味着拥有卓越的团队、优异的业绩、一流的产品和服务、较高的健康安全环保水平、良好的社会责任担当和声誉口碑，深受社会尊重，被客户、股东、员工高度认同。做长，意味着建立核心竞争力、不断巩固市场优势，形成具有长久生命力的商业模式，最终要建立良好的内部运行机制和外部生态环境，支持可持续发展的长远目标的实现。

集团的核心管理模式是 6S 管理体系，它包括战略规划体系（profit center business strategy system）、业绩评价体系（profit center performance measurement system）、内部审计体系（profit center internal audit system）、经理人考评体系（profit center manager evaluation system）、管理报告体系（profit center management reporting system）和商业计划体系（profit center master budget system）等。

汤谷良等（2009）指出，这种管理体系是将华润的多元化业务与资产划分为战略业务单元，并将其作为利润中心进行专业化管理，由此推进利润中心业务战略的构建、落实、监控和执行的一整套战略管理体系。具体而言，6S 管理体系构成如下：①战略规划体系。由于奉行"集团多元化、利润中心专业化"业务战略框架，集团总部关注华润的行业战略、地域战略、人才战略、组织战略、财务战略等，各利润中心关注各业务的财务、客户、流程、学习等四个层面的业务战略。②商业计划体系。商业计划体系，也称为全面预算体系，重在战略规划的年度分解和具体落实、战略行动计划的资源支持，实现经营预算、资本支出预算与财务预算的有机结合。③管理报告体系。以战略业务单元为报表设计单元，按月编制管理报告。管理报告体系特别要求多维度分析战略实施、适时监控业务战略的执行；突出利润中心业务特点，重视经营利润和经营性现金流；重点开展行业分析和标杆比较。④内部审计体系。多维度的战略综合审计、监督规划与预算的完成度、监控业务战略的执行力并确保信息系统的质量是审计体系的核心。⑤业绩评价体系。业绩评价体系的构建原理包含战略导向的多维度评价、业绩评价驱动战略执行和评价指标的动态跟踪和战略检讨。总部根据每个利润中心业务的不同，差异化地订制出不同的关键绩效评价指标（KPI）与目标要求。⑥经理人考评体系。它主要从业绩评价、管理素质、职业操守三个方面对经理人进行评价，并以此明确战略执行的领导和负责人，使战略推进与业绩奖惩相结合，保障战略的细化落实和有效实施。

汤谷良等（2009）学者归纳与评价 6S 的基本特征：一是实行利润中心管理模式，投资决策权高度集中，确保多元化控股企业的专业化管

理；二是打破和淡化法人结构，按业务及相关资产确立业务单元划分利
润中心是建立 6S 管理体系的组织基础；三是 6S 管理体系由预算管理或
运营控制系统发展成为战略管理系统，涵盖战略构建、落实、监控和执
行的各个环节；四是强调集团与利润中心不同层面的分层次管理，聚焦
战略，并细化到财务、客户、流程和学习等；五是与华润管理理念相辅
相成，强调完整的管理循环，形成一体化系统。

华润集团以"尊重人的价值、开发人的潜能、升华人的心灵"为
指导思想，强调员工价值。华润的核心人才管理理念如下。

华润集团倡导人人是人才。只要认同华润理念，只要具有职业精神
和专业素质，只要能创造业绩，都是华润人，都可以称为华润的人才。
华润集团倡导企业价值与员工价值的共同成长，随着企业的发展，员工
也获得与自身付出相适应的报酬与岗位，实现价值认可。要让组织成员
因有华润的工作经历而产生华润品牌效应，拥有更高的市场价值。

另外，华润集团致力于关注开发人的潜能。也就是说，华润集团把
人才发展置于战略高度，不断给员工提供学习的机会、工作的机会、挑
战自我的机会。这是华润集团对人最大的尊重，对员工最大的善。华润
集团努力优化人才选拔、培养、使用、保留机制，强调业绩导向使用
人，科学评价选拔人，全方位多层次培养人，充分挖掘人的潜能，做到
人尽其才。

华润集团遵循"一切以人为本，人口驱动增长，尊重人文精神，
改善人们生活"的经营理念，华润集团的所有业务活动为人们生活得
更好而存在。华润集团通过文化培训、价值观塑造、机制激励、工作历
练等方式，营造一种催人奋进、促人成长的氛围，激发员工的事业心、
责任感、使命感，引领员工探索工作和生命的意义，致力于更高层次的

精神升华，实现超越个人利益之上的追求。

2019年度企业社会责任报告指出，在强化员工创新力方面，聚焦集团三类经理人群体及各单位管理团队，通过开设一系列有特色的培训项目，提高组织能力。首先，华润集团为了打造高素质、专业化、年轻化员工队伍，实施和开展优秀年轻经理人培训项目和女性领导力培训项目。2019年，优秀年轻经理人培训班完成了5次集中培训及一线岗位体验活动。通过课堂培训、参观交流、行动学习、案例研讨、实战演练等方式，实现培用结合，全面提升年轻经理人的素质和能力，助力集团转型创新与业务发展。女性经理人集中培训举办了两次，每期学员约70人，培训项目聚焦女性领导者的思维与表达、视野与站位。其次，为了中基层人才培养工作的发展，集团积极开展组织内部企业分享交流活动、产业链高级人才发展班、中层领导力培训、重点人才盘点入库工作、利润中心领导力项目以及下属企业的营销培训工作等。同时完善在线学习平台和外部合作。

在保障员工合法权益方面，集团也积极完善员工的薪酬福利、推进企业的年金运营管理和保障员工安全有序地复工。在关注员工精神健康方面，华润集团开展员工身心健康关爱项目"润心坊"。"润心坊"项目已经获得由国际健康风险管理协会评审颁布的2019年度中国健康企业大奖，即用以表彰为员工身心健康发展作出积极、创新性贡献，具有一定成效的中国企业。

此外，华润集团持续改善员工的职业健康。集团秉持关爱员工的理念，认真落实企业职业病防治主体责任，开展职业健康监督管理工作，持续推动全体员工健康活动，使得组织成员身心健康得到持续改善。

第一，华润集团开展职业健康制度建设，规范职业健康管理。具体而言，华润把制度建设作为职业健康管理的一项重要工作，将职业病防治法律、法规和上级主管部门的工作要求及时融入、转化为本单位制度，保障法律法规等相关制度能够迅速有效地贯彻到各项职业病防治管理工作中。

第二，作出重点部署，全面提升员工身心健康。比如，认真落实职业病防治的主体责任；持续推动组织成员健康活动；针对现代生活方式及工作方式引起的各种易患易发病症，开展相关预防、自救等健康知识宣传或讲座；探索建立员工健康档案、开展体检结果统计，跟踪分析指标变化趋势，及时提醒员工治疗和调整生活工作方式。

第三，开展多种形式的监督检查，推动职业健康工作有效开展。华润在年度重点工作中要求职业危害普查、监督和治理，推动各级单位认真落实《中华人民共和国职业病防治法》等法律法规的要求，做好职业危害的预防、控制和消除工作。在安全大检查过程中，对旗下各单位重点检查包括个人防护用品配备、员工健康档案的建立等职业健康管理情况，督导各级单位保障员工职业健康权益。

第四，加大职业健康宣传培训力度，提升员工职业危害防护意识。华润把职业健康宣传和教育培训作为一项长期的基础性管理工作，全面促进各级员工职业健康素质和个人防护能力的提升。例如，邀请相关专业公司到基层企业开展职业健康巡回路演，通过专家讲解、亲身体验个人防护装备等形式传授职业健康知识，提高员工个人防护能力。

第五，加强劳动过程中的防护与管理，并且改善作业环境，从源头上控制和消除职业病的危害。例如，华润各级企业认真开展作业场所职业健康有害因素监测和评估。同时积极淘汰落后工艺和设备，推广应用新技术，提高机械化和自动化水平，强化职业病危害源头控制，降低和消除职业危害及风险，确保职业病防护设施设计符合国家职业卫生标准要求。

值得注意的是，为了形成和谐的工作氛围，华润集团建立基础员工诉求收集反馈机制。也就是说，为了不断深化与员工的沟通与交流、倾听员工意见、推动建设性意见及建议在公司内部落地，集团下属企业积极建立员工诉求收集渠道和反馈机制，以职代会收集员工建议、开展员工满意度调查、员工沟通会、员工建议信箱，进行走访调研等方式，畅通诉求收集渠道，及时了解基层诉求并反馈解决，为员工创造开放的工作环境。比如，华润微电子每个工厂以班组为单位，将每天召开的班前会作为员工信息反馈的重要渠道。通过每季度进行的"餐饮、住宿满意度调查"，及时获取员工意见和建议，持续提高餐饮、住宿质量和满意度；通过每周晨会，定期与员工分享、交流信息。

同时，华润集团践行绿色经营理念，将绿色发展融入集团发展战略。例如，提高能源利用效率、降低污染物排放、协同处置社会废弃物、注重生态保护、构建绿色供应链、发展绿色建筑、践行绿色办公文化等。在推行绿色办公、培养低碳行为习惯方面，集团实施无纸化办公，推行远程办公，以及加强节能环保宣传。具体情况如下：①集团持续推进一站式办公平台"润工作"App的深化应用。丰富移动化业务场景，包括移动审批、移动打卡、移动报税、移动报账、移动出行等。截至2019年末，近30万在职员工使用"润工作"，日均活跃用户约5万人；"润工作"应用中心累计集成接入集团管理和业务信息化系统139个，大量工作场景全部实现无纸化，其中"润工作"审批中心累计审批单据量近1500万单。②远程办公使得企业员工沟通协作不受地域和时间的限制，有效提高办公效率，节约通勤时间和成本。2019年集团共召开视频会议 9 万余场。③集团各级企业利用宣传栏等传统形式，以及互联网等新媒体方式，宣传绿色节能、低碳环保知识，传播集团绿色发展理念和节能环保成效。通过视、听、行全方位宣传，增强员工资源忧患意识和环保意识，营造节能环保的浓厚氛围；通过开展节能宣传周和世界环境日活动，倡导公共交通、绿色出行，垃圾分类，提高员工资源节约意识，引导员工关爱大自然，从日常工作和生活细微处推动全员参与环保活动，致力于做生态环境保护的践行者和宣传者。

2018 年度企业社会责任报告指出，华润集团在保障员工基本权益方面，始终坚持"平等雇佣、尊重多元"，全面完善员工薪酬福利。华润积极招募各类人才，以持续构建多元化员工队伍。在员工招聘和晋升时，华润对不同性别、种族、民族、残障或宗教等人群一视同仁。2018 年新税法颁布后，华润集团在政策出台后第 9 天，按税法要求，建立并上线了专项附加扣除申报系统，为员工依法纳税提供便利。

华润集团致力于完善培训体系，通过搭建员工职业发展通道，提升各级组织成员的专业能力与领导力。2018 年实施新任直管经理人培训项目，共计 17 名新任经理人参训。项目旨在帮助新任职集团直管经理人了解掌握集团的战略导向与管理要求，丰富业务知识结构和工作方法，提升领导力，尽快完成角色认知与转换。此外，为推进集团年轻经理人梯队建设，全面提升年轻经理人的素质和能力，在潜质人才选拔的基础上，集团规划设计了优秀年轻经理人培训班。培训班为期一年，结合集团转型创新与业务发展需要，以新发布的经理人能力素质模型为基础，分为"铸魂""有为""蓄力""追梦"四个模块，分别聚焦思想境界提升、管理能力提升、商业思维提升和愿景使命提升，通过一系列培训活动，实现培用结合。

　　同时，华润集团开办重点人才培养项目。具体而言，首先，举办国际化人才培养项目第二期，培养各单位分管国际业务的管理团队成员及部分核心骨干共41人；"互联网之道"项目第二期，集中培训6次，覆盖经理人249人。其次，面向内部举办2期创新大赛，共75个项目参赛，每期评出10个优秀项目；面向外部举办2期产业创新加速营，共招募优质外部项目83个，其中与华润产业重点对接项目13个；创新加速营项目共计覆盖内外部创新骨干600余人次。举办2期"华润之道"项目，共培养219人；举办2期利润中心新任职经理人班，共培养73人。此外，联合专业学院实施"未来之星"新员工训练营项目，共培养2238名新员工。①

　　另外，单纯从全面预算管理模式特征来看，华润集团总部和子公司在全面预算的编制上各有分工，集团总部主要进行资本管理，审定资本预算，并分配资本；子公司主要进行具体运营，侧重业务预算。编制流程方面，集团主要采用自下而上的预算编制程序，子公司根据母公司集中认定的预算目标，结合自身的经营战略由下而上来进行预算的编制，集团总部对此干预较少，子公司在业务预算的编制上具有很大的自主性。

　　华润集团按照"利润中心专业化"的原则，做专做精，利润中心的专业能力和水平显著增强。为了与集团的组织架构和控制系统相匹配，华润集团的全面预算采取分权型，它的预算管理表现为集团明确板块预算目标，以目标为导向实施监控，侧重对结果的考核。值得关注的是，分权型的全面预算管理和注重战略规划的财务控制导向的匹配，有助于华润集团战略的达成和落实。此外也有相关学者建议对于分权型全

---

　　① 华润集团2018年社会责任报告、2019年社会责任报告。

面预算管理方式，不要仅仅关注最终结果，以预算执行的结果作为考评的重要依据，日常运营也要关注预算的执行过程，而且在考核指标中加入过程指标，兼顾结果和过程（刘凌冰等，2016）。

此外，在公司治理方面，集团积极探索实践。

第一，华润深化董事会建设。2019 年，华润集团董事会继续完善自身建设，进一步强化董事会的战略引领作用，审慎研究决策重大投融资项目，调整优化授权决策事项清单，通过多种途径和方式在深入推进中国特色现代企业制度建设、优化业务结构等方面发挥作用，推动建设更加科学、规范、高效的公司治理体系。具体情况如下：①推动利润中心，梳理完善公司治理制度体系。集团组织开展了首次公司治理专题培训，以提高公司治理的专业能力；利润中心进一步修订完善了公司章程等公司治理制度，提升了公司治理的规范性和有效性；在各利润中心推广应用公司治理工具。②完善股权董事管理机制。集团积极建立与国有资本投资公司相适应的利润中心董事会运作机制，制定了《华润集团董事、监事管理办法》。通过该机制安排，促进股权董事积极行权，维护集团合法权益。③发挥专门委员会和外部董事的积极作用。提名委员会、战略委员会、审计与合规委员会、薪酬与考核委员会等专项委员会积极落实相关制度和章程规定。董事会积极听取专门委员会对有关议案的建议，保障董事会决策的科学性和决策效率。外部董事主动赴主管厅局开展了业务交流，提升了董事会与出资人的沟通成效。

第二，夯实内部控制，全面开展风险防范。主要从以下三个方面实施：①夯实集团的内控基础，提升风险管理能力。华润开展了全集团的年度风险评估，全面评估出集团层面的十大风险；加强了宏观经济、汇率等重大风险的跟踪和管控，发布舆情周报、专题简报、风险事件警示等提示风险信息；聚焦重大风险、新兴业务及高危风险领域开展专项风险治理项目 25 个；各个利润中心开展了重点经营管理领域的内控评价，针对评价缺陷进行了整改。②构建健全的法律风险管理体系。华润集团完成了重点经营领域和重要关键职能专业的法律风险梳理工作，整个集团归纳法律风险节点总数量突破 8000 个，发布了风险管理手册系列丛书。③进一步完善生命周期制度管理体系。华润集团开展了各业务单元制度管理的全面摸查工作，发现问题，并制订和完善方案；围绕投资、资金等关键业务流程大力开展制度优化，制定或者修订了相关的一系列制度。

第三，规范信息披露。信息披露是投资者和社会公众获取上市公司相关信息的重要窗口，也是双方进行沟通交流的基础。华润集团旗下的上市公司严格遵守境内外上市地区的监管及合规要求，按照真实、可靠的原则，向股东及投资者及时准确披露相关信息，不断提升信息报告和信息披露质量，保障信息披露的真实性、准确性、完整性、及时性、公平性，自觉接受社会公众和投资者的监督。

第四，保护中小投资者权益。华润集团高度重视保护中小投资者权益，鼓励各个利润中心通过畅通信息渠道，严格按照监管要求，合规、高效、真实、准确、完整、及时、公平地履行信息披露义务，以尊重和坦诚的态度与投资者沟通，维护中小投资者权益。①

由此可见，华润集团从组织架构与集团体制入手，形成开放的、弹性的、简洁明了的控制系统，实现组织财务与非财务维度的整合。换言之，组织战略管理可以具有一定的灵活度，即何种组织追随何种战略不是固定的、僵化的，战略的灵活性与组织架构的灵活性同等重要，并且

---

① 华润集团 2019 年社会责任报告。

要确保控制系统的相应调整。采用与实施利润中心（profit center）管理，使得组织内部很容易实现扁平化的组织架构和灵活的控制系统，并且保证各个子公司快速地、准确地、敏捷地作出市场反应。这种管理模式有助于降低集团的信息短缺成本和代理成本。也就是说，在一定程度上解决了控制与信息方面的各种问题，保障了决策所需信息在组织内高效、顺畅地流动。此外，集团将员工视为创造非凡成就的关键，尊重每一位员工的价值奉献，保障员工基本权益，加强民主管理，建立员工薪酬福利增长机制，建设和谐劳动关系，为员工提供广阔的发展平台和健康的工作环境，帮助员工成长，关爱困难群体，提升员工幸福指数，致力于打造高效、活力、幸福华润。

四、蒙牛集团

蒙牛集团，全称蒙牛乳业（集团）股份有限公司，始建于 1999 年，总部设在中国内蒙古呼和浩特市。蒙牛以 20 年逾 1600 倍的销量增长速度，成为中国发展速度最快的乳品企业。蒙牛集团提供多元化的产品，包括液体奶（如高端 UHT 奶、乳饮料及酸奶）、冰激凌及其他乳制品（如奶粉）。

从 Wind 万得数据库获悉，根据中国行业企业信息发布中心的资料，蒙牛液体奶荣列 2012 年度全国市场同类产品销量、销售额第一名。2017 年，蒙牛集团正式成为 2018FIFA 世界杯全球官方赞助商。这是国际足联在全球赞助商级别首次合作的乳品品牌，也是中国食品饮料行业成为世界杯全球赞助商的第一个品牌。蒙牛连续三年获"中国优秀企业公民"，蝉联"乳品企业社会责任发展指数"第一。蒙牛集团 2019

年实现收入 790 亿元, 高端 UHT 牛奶、低温酸奶份额保持行业领先, 连续三年于荷兰合作银行公布的"全球乳业 20 强"占据全球首十名。

作为乳制品供应商, 蒙牛一直关注企业可持续发展和绿色制造转型升级, 致力于披露完善的环境、社会和公司治理(ESG) 信息。蒙牛正式发布涵盖经济、社会和环境的 10 项可持续发展承诺, 并构建全公司参与的可持续发展体系, 包含 12 个可持续发展事项(即数字化生态圈、全生命周期管理、改善生态、气候领袖、循环经济、绿色工厂、幸福员工、公益赋能、营养强国、可持续消费、商业伦理、产业合作共赢等), 囊括 27 个蒙牛行动, 结合核心业务优势, 致力于为各利益相关方创造可持续的价值。

蒙牛可持续发展管理体系由决策层、管理层和执行层 3 个层次组成。决策层, 也就是董事会可持续发展委员会。可持续发展委员会作为蒙牛可持续发展工作的最高决策层, 负责确定可持续发展政策、审阅内部重要 ESG 管理数据及对外披露数据、评估和响应公司在可持续发展方面的风险及机遇、监管公司 ESG 相关重要事宜、审阅年度可持续发展工作报告、计划并审阅年度可持续发展报告、制定并签署董事会声明等。决策层下设专业可持续发展执行委员会, 由主要管理层担任, 在经董事会授权下负责集团内各项可持续发展事务的管理与战略推进。可持续发展执行委员会的具体职责包括: 制定可持续发展规划、检查评估可持续发展执行成效、推进完善可持续发展风险管理系统以及不断优化蒙牛可持续发展政策及举措等。蒙牛可持续发展执行委员会下设有三个可持续发展工作小组, 分别为可持续发展环境、经济、社会工作小组, 是三个层级中的执行层。具体职责包括协助编制报告、工作计划制订及落实、利益相关方沟通、交流培训、总结汇报可持续发展体系运行及目标完成情况。

在公司管治方面，蒙牛不断完善企业管理体系，组建多元治理架构，明确各层级权责和决策程序，确保高效稳健运行。蒙牛在中国中粮、法国达能、丹麦爱氏晨曦三大战略股东的助力下，组建多元化治理架构，充分调动各方资源进行协同，提升公司治理水平。目前，董事会由 10 名董事组成，包括 2 名执行董事、4 名非执行董事及 4 名独立非执行董事。董事会主要负责制订企业策略和政策，订立绩效和管理目标，评估业务表现和监察管理层表现。董事会下设薪酬、提名、审核、战略及发展、可持续发展委员会 5 个董事委员会。蒙牛集团不断完善信息公开机制，积极增进与投资者沟通。2019 年，投资者关系部通过电邮、电话会议、面对面会议和资本市场进行多种形式的互动沟通。报告期内，公司共参与 16 场大型投资者会议、日常共计进行 200 余场投资者会议和卖方分析师会议、ESG 主题电话会议 21 场，建立了畅通的资本市场沟通渠道，持续强化上市公司透明度，实现公司内在价值与市场价值长期的持续提升。

同时，蒙牛高度重视风险管理。组织已经建立起全面风险管理和内部监控体系，形成科学有效的职责分工体系，并建立多道风险管理防线。蒙牛确立了由风险与内控管理委员会、风险管理部门、各业务单元风险管理专员组成的风险管理架构，并明确风险管理各单位的职责；通过遵守风险管理框架、倡导风险管理文化等模式，逐渐提高风险管理人员的专业能力。

蒙牛集团树立"以消费者为中心，成为创新引领的百年营养健康食品公司"的愿景，秉承"专注营养健康，每一天每一刻为更多人带来点滴幸福"的使命和"诚信、创新、激情、开放"的核心价值观。

诚信，指的是以数据事实为决策依据，求真务实。创新意味着从消费者价值出发，勇于突破、不惧失败的意识。激情意味着勇于担当，拥有年轻的好奇心，不断进行自我挑战。开放意味着为员工提供合作共赢、打破边界、坦诚透明和多方位沟通的职业环境。蒙牛集团的企业宗旨具体如表 3.1 所示。

表 3.1　蒙牛集团的企业宗旨

利益相关方	共同目标	沟通与回应渠道
股东与投资者	防范经营风险 资产保值增值 开拓新市场与新机会 投资回报稳健增值	企业年报和公告 路演 专项会议 投资者关系网站
政府与监管机构	合规运营 依法纳税 贡献地方经济发展	监管考核 主动纳税 专项会议
消费者	提供高质量的产品 完善的客户服务 畅通的沟通渠道 多元化的产品选择	企业微博、微信 透明工厂 互动活动 消费者服务热线
供应商	公开、公平、公正采购 诚实守信 信息保密	供应商大会 供应商帮扶 供应商培训
经销商	互利共赢 共同成长	经销商大会 经销商满意度调查 决策管理委员会 客户沟通平台
员工	健康与安全 工资与福利保障 搭建成长平台 工作与生活平衡	管理者信箱 职工代表大会 培训交流

利益相关方	共同目标	沟通与回应渠道
社区	促进就业 带动地方经济发展 助力脱贫攻坚	提供就业岗位 拉动地方相关产业发展 改善当地基础设施建设 扶贫攻坚 公益慈善
环境	生态环境保护 绿色低碳	政府环境信息沟通平台 网络微博

资料来源：2019 中国蒙牛乳业有限公司可持续发展报告，第 23 页。

蒙牛文化不仅仅影响每位员工的行为，也深深地扎根于每位员工的心里。蒙牛文化崇尚和培养学习能力、坚持能力和创新创造能力。"管理是严肃的爱，培训是最大的福利"，体现蒙牛对员工培训交流和文化传承的重视。通过这种蒙牛文化和蒙牛精神的渗透，促使企业管理层与员工达成共识，同频共振，并且立刻在执行层上形成凝聚力和战斗力。蒙牛老员工这样回忆蒙牛文化：曾任蒙牛区域经理职务的赵全生说："我能有今天的成就，仅仅依靠个人的努力是不可能的，我还要感谢周围环境给我的支持。在蒙牛这么多年，耳濡目染蒙牛文化，养成了我的价值观和思维方式。蒙牛这个学习锻炼成长的平台，为我未来的职业铺平了道路。另外，要感谢蒙牛包容我们的过错，当我们出现这样那样短板的时候，是蒙牛把我们拉扯起来。总而言之，蒙牛的影响是长久的、潜移默化的。"

原蒙牛车间主任、厂长段洪波说："十多年来，蒙牛给予了我锻炼的机会，我做事的风格和能力，都是在蒙牛文化的熏陶下形成的，换句话说，是蒙牛成就了今天的我。有一句话说得好，做企业往往不是因为希望而坚持，恰恰是因为创业者的坚持，企业才呈现出希望。就像我们这批蒙牛人，自从走出蒙牛的大门开始，成败兴衰，都是未知的，但既然我们已经下定决心选择了创业，出于对自己、对社会、对国家的负责，我们要有所坚持。对于我来说，我坚持的方法就是：只为成功找方法，不为失败找理由。"

2000 年至 2012 年就职于蒙牛的张建军说："蒙牛精神、蒙牛文化能给你成长的精神鼓舞。每当我遇到问题时，都会从以往在蒙牛的工作经历中找到解决方案。它是一种精神，现实中能够打倒我们的不是困难和问题，往往是我们放弃了自己。巨大的成功靠的不是力量，而是韧性。蒙牛文化教育我们不要怕问题，遇到问题只要想办法就行。尤其是工艺上的事情，因为我经历过，这不是说今天说了，明天你就能解决。研究研究总会有突破，我来这两年就是专心研究产品的性能与形状的，以满足客户的需求。"

曾担任蒙牛营销总监的刘瑞也强调说："从历史到现实，无论做企业也好，还是搞其他事业也好，成功人士总是一波一波的，而不是一个一个的，这就是团队力量。团队的成功就是把过去大家的一些优点、优势结合在一起，然后放大发挥，互相激励，举一反三，灵活应用。因为财富也好，名誉也好，这些东西都会时过境迁、灰飞烟灭，而能永恒存在的是这种精神财富，它还将产生深远的影响。曾经影响过一代人、影响过自己内心深处不可言传的东西，这也是永恒的。现在好多企业都在学牛总（牛根生），他们没有过多关注牛总有多少财富，更重要的是他当年留下的蒙牛企业文化，这些东西被更多的企业学习，被更多的人去传承。"（郭万富和汉明，2016）

蒙牛创立之初，就是按照国际一流企业的标准设立的，并提出整合世界资源、做大中国市场的远大目标。蒙牛的牧场不仅以澳亚牧场命名，而且每一项事业的确立，都是朝着世界一流而去。所以，蒙牛人的格局大，这体现在他们的思维宽度、思维角度上，也体现在对名与利的淡泊上。"小胜靠智，大胜靠德"，这是蒙牛文化中让人印象深刻的一句话，同样创始人牛根生的财富观也影响着蒙牛的每一个人，只不过他们有着各自不同的表达方式。

无论是创始之初，还是发展成为全球乳业十强的现在，蒙牛始终注重团队和人才力量。2002 年至 2004 年任蒙牛副总裁的卢文兵回忆说："我出来已经十多年了，但我觉得蒙牛的企业文化还是非常优秀。不像有的企业，喊的一套，领导人做的又是另外一套。蒙牛喊出来的，牛根生都是亲自践行。上下级之间，同事之间，企业与客户之间，员工与客户之间，员工与员工之间，企业与外部环境之间，包括所谓外部社会、上下游的客户关系都非常和谐，这个生态圈非常好。"（郭万富和汉明，2016）

蒙牛创始人牛根生曾说："在用人方面，我们是有德有才，破格录用；有才无德，限制录用；无德无才，坚决不用。至于德重要还是才重要，我认为，如果才气很大，德性不好，对企业的破坏性可能就非常大。一个人智力有问题，是次品；一个人的灵魂有问题，就是危险品，所以经营人心非常非常的重要。"同时，他也强调做人要讲为人之道，做企业要讲经营之道。同样的设备，同样的原料，同样的人，在不同的企业发挥的效力是不同的，因为各个企业的文化不同。企业文化就像人的基因，无时不在，无处不在，一台机器、一笔资金、一车原料，从进厂那天起，就被植入了这个企业的基因，它们按照什么逻辑运转，要看这个企业的文化（康健，2005）。

不仅如此，正因为重视团队和人才力量，蒙牛管理也呈现其独具的管理控制模式。蒙牛强调在管理时细化到每个生产线，让每个生产线的工人结成一个小组，每个小组成员分工明确且固定，包括操作工、机修工和质检员。小组成员共同维护着组内的生产，并定期进行组内互动，增强员工之间的感情。在这样被称为"小家庭"的管控模式下，蒙牛实现了精心化管理，每个环节都实现了具体化，使得企业目标与员工自身目标紧密地联系起来，从而更促进了企业内部发展（顾颜春，2018）。可见，蒙牛始终关注人才，也重视人才。

蒙牛秉承"以人为本、做有温度的企业"的理念，建立平等协商的沟通渠道，努力打造员工发展培训体系，关爱员工健康与生活，以此推动企业民主管理建设。具体而言，企业加强建设完善职工代表大会管理制度。蒙牛每年召开员工代表大会，每年对新一届员工代表开展专题培训强化员工代表履职义务，并且面向全集团范围内征集高质量的提案。2019年6月，蒙牛召开员工代表大会，听取并审议涉及员工切身利益的制度、劳动保护措施、员工生活福利方案、工时休假等相关制度，共收集到员工代表提案近400件。同时，建立员工代表巡视制度及劳动争议协调委员会，构建和谐劳工关系。

2018年，蒙牛集团发布"五行领导力"模式，进一步搭建了全公司上下统一的领导力培养、干部能力评价及人才选拔的评估体系，并由各事业部积极推行。同时，蒙牛全方位优化人才培养体系，以提供新员工入司、通用力、专业力及领导力四个能力的培育，让每一名员工接受的培训教育能够系统化且更具针对性。在学习发展体系中，入司培训，遵循面授、在线及一对一引导多种混合培养形式，实现新人入司培训百分之百的全覆盖。通用力培训是指以全年小班制滚动形式开班及在线学习专题，建设员工个人职场思维及逻辑能力。领导力培训是指以胜任线和后备线为两条主线，根据不同管理者的能力要求分层实施。专业力培训是指以专业人才培养、专业经验萃取与传承为目标，形成蒙牛集团特有的核心岗位专业课程。同时，企业不断优化现有激励体系，实施分级授权，加强个人激励与组织业绩的关联，并从人工成本管控向驱动人工效能提升变革。另外，推行关键岗位员工留任计划，通过限制性股票激励实施留任计划，保留和激励具备高绩效及高潜质的员工。

为了构建学习体系，蒙牛集团为员工搭建线上培训平台，根据员工岗位需求为员工组织专项培训，以提升员工专业技术能力及综合能力。平台学习项目涵盖战略管理、组织能力、决策执行、市场营销、财务管理、团队管理和领导力七大模块近20门课程，为所有的基层管理者提供能力提升的学习资源。2019年，员工受训率为100%，人均培训近66小时。同时，蒙牛集团实施蓝海项目助力企业的战略性人才培养。蓝海项目是企业战略性人才培养的后备项目，覆盖企业关键业务岗位的中高层管理人员。该项目覆盖战略、创新、营销、品牌、财务、领导力等多个方面，有助于学员建立多层次的复合型知识结构和卓越的实操能力。为了便于员工随时随地开展定制化学习，创新培训技术，为员工打造学习软件。软件汇集多门不同的学习课程，实现手机端和电脑端的数据共享互通，提高培训的便捷性和灵活性。

2018年，蒙牛集团制定《蒙牛集团员工代表巡视工作管理方案》，通过召开座谈会，走进车间、员工餐厅、宿舍实地察看，面对面向代表询问，以听、问、观等形式发现员工在工作、生活、思想方面潜存的问题，同时及时将公司政策制度传达给员工。另外，蒙牛制定相关劳动争议调解工作管理方案，个人或小事件投诉先由基层调解小组接待解决处理，调解小组解决不了的事件递交劳动争议委员会解决处理，形成分级负责、上下联动的工作机制，及时调解解决劳动纠纷，构建和谐劳动关系。

在员工关爱方面，集团从员工实际利益出发，想员工所需，做员工坚强的后盾。主要从以下三个方面悉心关怀员工。第一，打造温馨办公、舒心工厂的职场环境。即设置健身房、员工活动室、羽毛球活动室、篮球场、车间临时休息区、爱心休息吧和员工阅览室。第二，关爱女性员工。蒙牛集团开展健康、家庭、职场新女性等相关讲座，举办女性礼仪培训等形式多样的活动，并设立爱心妈咪小屋，方便女员工休息。第三，采取节日关怀活动。针对关键岗位员工及管理者、一线员工、困难员工、女性员工、高寒、高热、户外等艰苦岗位员工、大病员工、企业驻地困难群众等进行分层次、分人群、分季节、分节点的关怀慰问，并常年开展夏送清凉、金秋助学、冬送温暖等关爱活动。不仅如此，蒙牛重视员工幸福，2019年启动员工幸福计划，全面覆盖员工食、住、育、孝、医、贫面临的问题及需求，让全体组织成员享受公司发展红利，为员工打造温暖的港湾。蒙牛也为困难员工设置蒙牛集团关爱基金和爱心互助基金，帮助患重大疾病、遇到重大意外的员工及直系亲属。

蒙牛集团始终坚持对不同国籍、民族、种族、性别、文化背景的员工一视同仁，平等对待，坚决禁止雇佣和使用童工，禁止强制劳动，尊重并保障所有员工的合法权益。在蒙牛，女性和男性享有同等的权利。蒙牛一直注重促进当地居民、女性和少数民族就业，努力增加当地社区的就业机会。

2019年，蒙牛开展六大员工幸福计划。具体如下：①孝心计划。孝心计划为符合60周岁以上的员工父母发放牛奶2件，送上公司对员工家人的祝福和问候。②宝贝计划。2019年10月份起蒙牛集团为员工再次新增福利项目，为员工宝宝推行了宝贝计划关爱活动。③健康计划。对员工子女及父母进行健康投入，包括为员工家人购买保险等，让员工感受到企业无微不至的关怀。④帮扶计划。蒙牛下发帮扶方案的相关文件，各单位可以根据实际情况推报困难员工。⑤司龄计划。在每年的重大节日为员工送上司龄关爱物品，进行慰问和送祝福活动。⑥宿舍计划。蒙牛集团开展宿舍计划，为租房遇到困难的员工提供宿舍，帮助解决住宿问题。

另外，蒙牛集团重视商业道德、反腐败的宣传教育及培训，打造廉洁文化。2019年，蒙牛纪检部门共组织廉洁警示教育116场，覆盖员工近18000人；董事会参与反贪污培训6人次，共计30小时。蒙牛还对6名高管人员进行上任前提醒谈话并签署廉洁从业承诺书，对6000多名经理人任职的从业情况进行了廉洁回复，对750名评优候选人廉洁情况进行审核，对职能部门中209名中高层管理者建立了完善的廉洁档案。

蒙牛集团不仅在民主管理和员工成长发展方面努力建立开放的沟通渠道，在安全生产方面也从多维度细化运营管理。作为乳制品供应商，在2019年蒙牛集团以"为员工创造安全舒适的工作环境"作为工作的宗旨，从以下三个方面实施职业危害防控。第一，集团实施噪声、高温、粉尘等工况改善172项，噪声平均下降了10分贝，温度平均下降了5摄氏度。第二，蒙牛开展《中华人民共和国职业病防治法》宣传周系列活动，营造全员共同关注职业病防治工作的良好氛围。第三，建立完善《职业健康管理制度》《噪声专项管控方案》《职业健康评估标准》等管理制度、方案、标准，细化管理要求与标准。

在安全生产方面，建立了健全的职业健康与安全管理体系。也就是说，蒙牛全力构建安全生产长效机制，始终把安全生产标准化、安全文化、安全信息化作为推动安全生产工作的重要抓手，明确集团、事业部、工厂三级安全管理组织架构，推动安全生产风险分级管控与隐患排查治理预防机制建设，坚持把安全风险控制在隐患前面，把安全隐患消除在事故前面，落实组织相关政策，深入开展安全生产五级检索。同时，通过线上线下结合的方式，推动员工安全意识、安全能力的综合提升。

蒙牛集团通过夯实职业卫生基础建设，规范职业健康管理行为，提高职业健康管理水平，企业结合实际运行现状拟定了《职业健康评估标准》检查细则，全面开展职业健康监管工作。蒙牛严格执行岗前职业危害告知，每年对员工开展上岗前、在岗期间、离岗后的职业健康体检，在上岗前对员工进行三级安全教育，经考核合格后上岗，并制订年度培训计划定期对在岗期间的员工进行职业卫生教育培训，用人单位主要负责人和职业健康卫生管理人员需参加第三方机构的专业培训并取得相关证书。同时蒙牛为工作环境中接触到职业危害的员工配备了符合国家及行业标准的个体防护用品，并进行定期检查。针对涉及职业危害的区域，采用有害和无害分开作业，对可能发生急性职业病危害事故的有毒、有害的区域设置氨气报警装置，切实推动职业危害治理工作。

同时在企业管理控制模式上也彰显了蒙牛的开放和创新特征。在管理模式上，蒙牛集团为了实现管理信息系统的统一，引进企业管理解决方案（SAP）系统，实现供应链全链条业务一体化、财务业务一体化和产供销业务一体化，提高工作效率、管理效率和决策效率。不仅如此，蒙牛与IBM合作，打造上线财务共享服务中心，实现零现金管理，一步建成全业务、全流程的运营模式。质量安全管理系统中心实验室检验工作人员说："作为信息化系统的应用者，我深深体验到信息化系统为我们日常工作创造的巨大价值。实验室信息管理系统存储了与实验室相关的所有数据，与企业管理解决方案系统无缝对接，保证了端与端的数据追溯。这一信息化管理模式，规范并简化了我们工作流程的同时，让质量监控也更有保障。"

为了完善制度管理体系，蒙牛集团下发《食品安全评审管理方案》等制度规范。同时通过第三方开展质量、食品安全等管理体系认证，公司全年累计完成 7 个管理体系的 372 项认证，通过率达 100%，全面验证安全质量管理能力和水平。另外，蒙牛围绕全生命周期质量管理环节展开梳理，共梳理出 26 个关键质量管理活动。企业对各事业部与职能部门提出质量管理活动的要素、相关制度及标准，为质量管理活动夯实制度基础。

此外，作为乳业品牌，蒙牛集团在关怀组织成员的同时，一直致力于推动技术创新，构建可持续发展战略，并实施绿色制造，践行绿色发展。蒙牛环境保护工作以《中华人民共和国环境保护法》为依据，以 22 类 163 项国家环保综合和专项环保法律法规标准为指导，制定了包括《蒙牛集团环境保护手册》《环境因素识别风险评价及其控制策划程序》《安全环保事故报告及处置管理制度》及《建设项目"三同时"管理制度》在内的 8 项环保管理制度。

首先，蒙牛集团加速产品与服务更新迭代，建立消费者购买行为和数据洞察，重新塑造线上线下的供应链新模式。2019 年，蒙牛将合作创新提升到更高层次，深挖全球价值链，整合国内外优质资源，与行业学会、海外资源、高校、医院等深化合作，开设博士后工作站，有效整合高校技术资源，加速科技成果转化。

通过合作发展、互利共赢的模式，蒙牛持续拓展技术研究方向和来源，为中国乳业高质量发展创造更多的发展利器。2018年6月，蒙牛与阿里巴巴达成合作，正式启动蒙牛消费者大数据项目。蒙牛通过建设数据规范、整合分析、洞察框架三大体系，实现数据接口、采集方式、数据资产、数据模型、分析思路、运营模式六个统一，构建以人为核心的消费者洞察体系。消费者洞察项目集中收集消费者数据，如客户基本信息、行为模式等，实现多渠道数据打通，形成蒙牛消费者标签体系，帮助数字化营销实现精准投放。2019年，蒙牛持续与阿里巴巴保持紧密的合作，构建消费者全景洞察体系，借助大数据体系，促成更贴合消费者需求的研发和更加精准的市场投放等诸多实质性的"提质增效"，开展一系列以数据及技术驱动的新零售创新项目，探索年轻消费者喜爱的新购买场景。这些消费端的数字化探索，推动了蒙牛在业务模式、研发和生产过程的不断创新，形成了良性互动的消费循环。通过数字化探索，蒙牛打通了供应链上下游间的协同合作，完成了销量预测、布局优化、精准排产、智能订单、大屏展示五个模块的建设；实现了从人工到智能，从点到面，从局部到全部的物流线路优化模型；通过全面大数据分析功能，实现了全产品全区域最优运输线路匹配，实现了建仓科学选址，为提升企业销量、物流储仓科学布局作出引导。

其次，在生态牧场、绿色制造和循环经济各方面都映射出蒙牛"守护人类和地球共同健康"的企业目标。在生态牧场方面，蒙牛依据《中华人民共和国土壤污染防治法》等现行法律法规，制定针对牧场工业废气、废水、废渣的管理制度，要求牧场加强管理控制，最大限度减少对地下水、周边土壤的污染。同时考虑牧场对周边生态及社区的影响，蒙牛设立生态保护信访渠道，广泛收集周边群众意见。蒙牛牧场环境管理体系具体包括绿色采购、环保排放；重复使用、多次利用；节约资源、减少污染；保护自然、和谐发展；分类回收、循环再生等五个核心层面。

在绿色制造方面，蒙牛秉承"绿色设计、绿色产品、绿色生产、恢复自然绿色"的原则，重视环境管理，积极应对气候变化，将环境保护的观念融于企业的生产经营管理之中。蒙牛从可持续发展宣传、能源及应对气候变化、水资源管理等层次开展。

蒙牛集团重视可持续发展宣传教育和培训工作，积极探索新的宣传形式，设立节能环保简刊。具体开展的宣传、培训活动如下：①在世界环境日、节能宣传周期间，组织"种一棵百年绿色大树"等系列活动，线上活动参与量达 13 万人次；②开发微课视频宣传形式，制作一系列与节能环保管理紧密相关的微课视频，学习已达 5 万余人次；③组织能源环保管理人员共 125 人开展专项培训，立足实际工作需求，由实践经验丰富的管理人员和典型工厂的管理人员组成讲师团队进行有针对性的赋能。

为了更有效地减缓并控制温室气体的排放，实现可持续发展，蒙牛将完善能源管理、使用清洁能源、节能降耗作为主要应对策略，以环境友好为目标，努力实现运营的能源低碳化、生产清洁化、废物资源化。首先，加强碳管理。蒙牛联合第三方初步制定碳排放估算模型，组织各工厂进行碳排放估算。通过绩效合同、节能环保目标指标管控方案等途径，对碳排放进行实际管理控制。第二，使用清洁能源。2019 年，蒙牛投资建设太阳能、生物质能以及沼气能，可再生能源使用占比达 8.72%。第三，提升企业的能源效率。组织内部专家从 60 例节能节水案例中甄选出工程改造类优秀案例 10 例。实施余热回收、车间照明节能改善、空压系统节能改造、设备运行优化等措施。

在水资源管理方面，蒙牛充分认识到水作为基础生活资源的重要性，不断完善水资源管理，由首席执行官签发成立节能减排委员会，建立集团、事业部、工厂三层管理架构，一级为集团健康安全环保部，二级为事业部安环办，三级为工厂安环技术处。水资源管理重点开展目标指标管理控制，即每年制定集团产品新鲜水耗指标，与各事业部签订责任状并落实到各事业部安环负责人绩效，逐级落实责任并呈逐年下降趋势，并通过日监督、月管控等方式进行管理控制。日监督，是指每日利用能源管理信息平台对事业部目标完成情况及主要产品的水耗异常数据进行监督，发现异常及时预警，督促各事业部查找原因并制定管控措施。月管控，是指每月对各事业部的目标指标完成情况进行统计分析，要求未完成单位开展分析并制定下一步改进措施，同时在各事业部安环负责人绩效合同中兑现激励。同时，蒙牛实行节水策略，即指节约使用、循环使用和共同使用。①节约使用。针对水资源耗用量大的关键工序和主要设备，采用技术措施和管理措施减少水资源使用；②循环使用。针对生产过程中的有回用价值的水资源，进行回收并循环使用，提升水资源利用效率；③共同使用。针对所在地的水资源分布及使用特点，将处理合格的再生水与周边用水单位共同使用，减少水资源消耗。

在循环经济方面，蒙牛将绿色环保理念融入仓储、物流和包装环节，并通过信息化手段，与合作企业携手打造绿色循环经济。蒙牛科学规划仓储并致力于减少因存储原辅料而产生能源、包装材料、转运等方面资源消耗。2019 年，低温事业部通过与供应商共同努力实现 206 种辅料无库存送货，减少了库房使用面积 129 平方米。①

由此可见，蒙牛自创立之初就已将蒙牛文化和蒙牛精神深深扎根在每个员工的心里。通过精细化管理模式、相关资料的整合分析，我们可以看到不论在蒙牛文化和蒙牛精神，还是组织的民主管理、员工成长发展方面，处处彰显了蒙牛"以人为本、做有温度的企业"的价值理念。蒙牛主张建立开放的沟通渠道，致力于为员工提供公平的、快乐的、和谐的工作氛围。为了进一步提升组织能力，蒙牛定期开展员工培训、推进员工幸福计划，助力员工快速成长。作为乳制品企业，蒙牛承诺将进一步促进持久和可持续的经济增长，促进充分的生产性就业和温暖的工作氛围，为企业的长期可持续发展提供充足的人才储备，为员工提供平等畅通的成长平台，以服务员工为核心，推动人才共享智能化管理，提升员工幸福感。

五、腾讯公司

腾讯公司在 1998 年 11 月 11 日创立，从诞生之初，"为用户提供更好的产品与服务""成为最受尊敬的互联网企业""通过互联网服务提升人类生活品质"成为腾讯的理想、愿景和使命。2004 年 6 月在香港联合交易所主板上市，每年定期发布财务报告和 ESG 报告。在 2008 年发布第一份企业社会责任报告，掀开履行责任信息披露新篇章。至 2018 年资产负债表日，腾讯公司收入同比增长 32% 至人民币 3127 亿元。至 2019 年年末，腾讯公司收入同比增长 21% 至人民币 3773 亿元，

---

① 蒙牛集团 2016 年可持续发展报告、2017 年可持续发展报告、2018 年可持续发展报告、2019 年可持续发展报告。

毛利至人民币 1675 亿元。

腾讯公司以"用户为本、科技向善"为愿景及使命。一切以用户价值为依归，将企业责任融入产品及服务之中；推动科技创新与文化传承，助力各行各业升级，促进社会的可持续发展。腾讯公司以"正直、进取、协作、创造"为企业核心价值观。正直，即坚守底线，以德为先，坦诚公正不唯上；进取，即勇于突破有担当；协作，即开放协同，持续进化；创造，即超越创新，探索未来。腾讯的组织架构采取事业部形式，包括企业发展事业群、云与智慧产业事业群、互动娱乐事业群、平台与内容事业群、技术工程事业群、微信事业群等。

腾讯是一家以互联网为基础的科技和文化公司。腾讯视科技和文化为其未来最重要的元素。在科技爆发的时代，各个领域的科学技术都在迅猛取得突破，这些新科技对人类生活的影响会愈来愈深远。而科技的发达也会带来文化的繁荣，因为科技的力量将会在诸多方面对文化产生全方面的促进。企业文化中，腾讯提出"连接一切"的战略，希望连接人和人、人和信息、人和服务、人和对象，希望连接一切。马化腾曾说："不管已经出现了多少大公司，人类依然处在互联网时代的黎明时分，微微的晨光还照不亮太远的路。互联网真是个神奇的东西，在它的推动下，整个人类社会都变成了一个妙趣无穷的实验室。我们这一代人，每个人都是这个伟大实验室的设计师和参与者，这个实验值得我们屏气凝神，心怀敬畏，全情投入。"这正体现了腾讯要做传统文化和未来科技融合的探索者和推进者，迎接新的文化复兴的价值理念。

腾讯管理处处体现以人为本的价值理念，通过组织内部员工培养体系，激发组织与个人的活力，帮助员工与企业共同成长。以下主要摘选自其企业社会责任报告信息。

　　腾讯公司遵循"关心员工成长"管理理念，通过为员工制定完善的薪酬福利体系，营造舒适的办公、生活环境，制定全方位的成长体系等措施，增强员工获得感、归属感和幸福感。"有一种幸福叫腾讯的员工"，近两年来，这句话一直在网络上流传，也是对腾讯员工关爱最强有力的肯定。腾讯新员工在入职当天会领到54张"扑克牌"，每一张牌代表着一种福利，涵盖了财富、健康、生活三个方面，每项福利都是腾讯结合员工在公司论坛发表的意见不断完善，为员工量身定制而成。

　　腾讯公司弘扬包容文化，充分尊重员工的不同特点，接受不同，并庆祝差异。通过提供试错的平台、创造共融的环境促使其所有员工都能完全释放自己的潜能，激发创意、促进创新。也就是说，员工有任何创新想法，都可以和负责人沟通，只要有一定的成功率，腾讯都会给员工配置所需的一切资源，帮助员工将新想法落地。

　　腾讯公司视员工为企业的第一财富，为保护每一位员工的基本权益，腾讯致力于维护平等、无歧视的工作环境。在遵守国家相关法律法规的同时，为员工搭建了完善的薪酬激励政策，根据员工岗位为其提供具有市场竞争力的固定工资。此外，腾讯还在年底为员工准备了绩效奖金和服务奖金，颁发"星级员工""星级团队"等专项奖励。

　　腾讯认为员工是企业大家庭的重要组成部分，不但为员工按时缴纳五险一金，并且为他们提供了涵盖人寿、意外、重疾和医疗等险种的商业保险，保障额度领先于市场，员工可通过自选保险计划为本人和家属灵活定制方案。2018年，腾讯商保为超过4万名员工及3万名家属提供保障，每3个人中就有1人使用过商保理赔。同时，腾讯为员工家属提供重疾保险和救助借款，帮助员工及家庭减轻医疗负担，渡过难关。除此之外，腾讯还为员工制订了安居计划、员工身心健康计划、员工带薪休假计划解员工之忧，安员工之心。

腾讯公司坚持以人为本，不但为员工提供优厚的薪酬福利待遇，还制定了多项员工关怀政策，包括员工班车、家属开放日、身心健康热线、健康体检、年度团队建设、节庆礼品、绩效奖金、婚育礼金等。在工作或生活上遇到困扰或心理困惑的员工，可使用公司为员工提供的免费心灵减压舱服务。员工及家属可以通过与国家二级以上、1000+小时咨询经验的心理咨询师一对一的心理咨询服务疏解心理压力。

在20周年司庆日上，腾讯宣布正式启动青年英才计划，将20%的晋升机会给予年轻人，在激励年轻员工奋力前进的同时保持公司的年轻态。在此之前，腾讯已为员工搭建了完善的双通道职业晋升体系，为员工提供专业和管理并行的发展通道。

腾讯公司视员工为公司的发展关键，希望通过完善、全面、科学的培训体系助力腾讯人成为一个独立思考、全面发展的人，焕发每个人的动力。腾讯通过双通道员工职业发展体系帮助每一个员工结合自身意愿，制定全面的职业发展路径。当一个员工对长期的技术工作感到倦怠，更期望于接触客户，做市场或营销工作时，他可以通过在公司内部寻求机会和帮助来实现自身目标；如果他愿意成为管理者，双通道职业发展体系也将帮助他向管理岗位转换。

能上能下的职业发展机制，使每一个员工都有目标、有发展路径及具体的衡量标准。腾讯同时也为员工的每一步发展提供相应的资源、支持与帮助。独一无二的职业发展机会，帮助每个员工找到自身发展路径，最大限度施展自身优势，发挥所长，使员工通过自身成长获得幸福感的同时提升个人及腾讯整体的内生动力。

作为腾讯员工成长培训体系重要环节的腾讯学院于 2007 年成立，以成为互联网行业最受尊敬的企业大学为愿景，致力于成为员工成长顾问、业务发展伙伴、企业变革助手，为员工搭建完善的培训体系，精心打磨定制化人才培养项目。腾讯学院历经十年的探索与创新，现拥有公司级面授课 380 多门，90% 以上为内部自主开发课程，网络课 7400 多门，公司级讲师 1400 多位，年均开班量 8200 余次，面授覆盖率 88%。

腾讯学院培训体系分为对内课程和对外课程两个部分。对内课程体系包括干部培训、职业培训、新人培训和腾学汇等平台承载的海量在线学习资源。干部培训涵盖了基层管理干部培养之组长、基层管理干部培养之总监和中层管理干部培养之中干等项目。职业培训是指针对不同专业族群，公司所提供的丰富的职业技能培训课程。职业培训涵盖了技术培训、市场培训、设计培训、专业培训和产品/项目培训。新人培训涵盖了社会招募新人岗前培训、校园招募新人岗前封闭培训和各事业部展开针对性的新人岗前培训。

具体而言，为更好地帮助新员工快速融入工作氛围，腾讯设立导师制，为每一位新员工配备一位导师，帮助新员工了解腾讯文化及工作需求。同时，建立"腾讯达人"访谈栏目，新员工入职第一周可以自由组合，随机采访老员工，请他们讲述在腾讯的经历和故事，以近距离接触的方式实实在在地了解腾讯，为后续工作打下基础。

腾讯非常注重发掘并重点培养有潜质的员工，推出"潜龙""飞龙""育龙"等培训项目，着力培养专业技术人员中的潜在人才以及管理人员中的优秀管理者。为拓宽员工思维和眼界，腾讯开设"名家之声"项目，专门邀请行业内知名专家、研究机构负责人、国内外各界名人等翘楚走进腾讯为员工授课，提升员工跨领域思维能力。同时，定期发起"创意马拉松"项目，将有想法、有兴趣的员工组成不同的创意战队，每个战队都将经过几十个小时的连续作战来实现他们共同的创意，由公司核心专家团评选出最优项目，以比赛形式提升员工参与积极性。腾讯还设置了 BarCamp 研讨会等创新培训形式。该研讨会是一种由参与者提供议程内容、参与者相互分享经验的工作坊。研讨会的焦点在如何解决组织成员在工作中遇到的各类问题，通过彼此的分享和互助，共同解决实际困难。

另外，对外课程体系包括腾讯大学公开课、启航计划、远航计划和走进腾讯等经典项目；微信公开课、创业公开课、校企合作系列课等合作项目。

腾讯除了创建了一系列专业的培养体系和职业发展体系课程。值得注意的是，为使每一位员工都可以自由地工作、快乐地生活，腾讯滨海大厦将科技与人文关怀相结合，为每个腾讯人营造家的氛围。腾讯滨海大厦于 2017 年 10 月正式启用，这是一座集数字化、智能化于一体的智慧大厦。这座大厦，象征着互联网将各个角落互相连通，更体现了腾讯是一家专注连接人与人、人和服务以及未来人和设备的互联网高科技企业。具体而言，办公环境包括建立员工数据模型、制定"办公空间规划标准"，为员工提供最舒适的办公环境；打造不同风格的工作休闲区，帮助员工缓解疲劳；由攀岩墙、室内环形跑道、篮球场、跑步机、台球馆等设施组成的健身房，使员工身心保持健康。

减少腾讯员工的工作压力，让员工幸福工作、快乐生活是腾讯一直追求的目标。腾讯始终秉承"正直、进取、合作、创新"的核心价值观的基础，充分尊重每一个组织成员，鼓励员工发挥主人翁精神参与企业发展，弘扬弹性工作、正直生活的理念，尊重员工的不同个性特点，努力提升员工幸福感。如何让每一个员工了解企业的战略方向，及时向每一个员工就热议话题作出回应是腾讯一直在思考的问题。于是，腾讯搭建了多个沟通平台，畅通沟通管道，保障员工参与企业发展，并且及时了解和满足员工的需求。例如，腾讯建立了内部员工沟通交流平台，员工可匿名提出对公司的各种困惑或者不满，回答者必须实名回答，以此鼓励真实问题的浮现以及负责任的回答。全体成员人人既是提问者，也是回答者，所有热点、关注点背后都是一个个真实意愿的累加。腾讯通过对这些真实声音的积累挖掘员工的需求，并寻求解决之道。

另外，腾讯一直以来坚持多元文化理念，坚持系统平等、透明、无歧视的工作环境，对不同性别、国籍、民族、宗教信仰的员工给予充分尊重，禁止同事间开冒犯性的玩笑或展示冒犯性的物品。腾讯严格遵守国家相关规定，维护员工利益，共同创造一个平等、和谐、多元文化融合发展的工作环境。

同时在社会事业和绿色环保发展方面也体现了腾讯的开放透明的理念。例如，在公益捐助方面，腾讯秉承着开放透明的理念。腾讯认为，社会公益事业的长久生命力在于公众的信任，而信任的关键在于信息透明度。在2018年的99公益日（9月7日至9日）之际，腾讯采取共建的方式，邀请学者、专家、媒体等各界人士为99公益日的规则制定建言献策；引入专业第三方公司德勤，开发专业财务披露组件，帮助公益事业做好透明呈现；以回访拍摄的方式向公众披露公益项目的转化成果。腾讯不断提升公益捐助的开放与透明程度，致力于让每一个公益项目都值得信赖。

此外，腾讯贯彻绿色、节能、环保理念，加大对低耗数据中心的研发和投入，持续推动办公场所节能改造。通过用能精细化管理、空调精调试等一系列节能改造，腾讯滨海大厦全年节能率达 7.7%；通过文印优化 2016 年节省纸张约 60 万张，节省率达 6%；建设中央循环直饮水系统逐步代替桶装水，减少桶装水细菌滋生和过期余水浪费，减少塑料包装，同时节约大量的水运输能耗碳排放。在数据中心方面，腾讯高效节能，降低系统能耗，实现全新的建设方式，始终在打造环境友好型的、可移动的绿色节能数据中心的道路上不断努力。绿色环保理念贯穿了腾讯滨海大厦建造全过程，使其成为涵盖智慧建筑、互联网＋建筑、互联网＋智能连接等前沿科技于一体的智慧大厦。

2017 年，腾讯与中国环境监测总站联合上线空气质量查询服务，服务覆盖全国 338 个城市、1436 个监测点位，帮助公众第一时间获取官方发布的最权威城市环境空气质量数据。同时，依托其云计算和大数据方面的技术优势，双方还将在建设环境监测云平台、推进环境监管信息化建设等方面展开深度合作，让"互联网＋"成为支持生态环境大数据建设和中国环境保护事业的重要力量。2017 年，腾讯青浦数据中心获得工信部和绿色网格的"数据中心绿色等级（运行类）"5A 评估认证。腾讯积极主动追求绿色发展方式，推广绿色技术，助力形成节约适度、绿色低碳的生产生活方式，为国家生态文明建设贡献互联网企业的智慧。由此可见，腾讯不仅致力于提升其长期价值，更发挥自身互联网平台、技术等方面的优势，投身社会和环境保护领域，助力建设更绿色、更健康的、更和谐的社会。①

一个组织新战略提出之后，首先面临挑战的便是企业的组织架构。在 2010 年之前，腾讯进行了两次组织架构的调整。

第一次组织架构调整将整个公司划分为三大部门，分别是市场部门、研发部门和职能部门。这一期间，在腾讯的组织架构中，总办会议制度起到至关重要的作用。具体情况如下：在公司决策上，腾讯形成了总办会议制度。每周召开一次，参加者为 5 位创始人和各核心业务部门主管，人数为 10 ~ 12 人。这个人数规模一直没有被突破，一直到 2013 年，腾讯的总员工人数已超过 2 万人，总办会的参与者也不过 16 人。

总办会是腾讯最为核心的决策会议，马化腾要求所有与会者无论日常工作多么繁忙，都务必前来参加。每次会议都在上午 10 点准时开始，一般都要延续到凌晨 2 ~ 3 点，因此是一种非常考验体力的马拉松会议。

"马化腾喜欢开长会，每一个议题提出后，他都不会先表态，而是想要听到每一个人的态度和意见，所以会议往往开得很漫长。"好几位与会者透露过开会的情景。"在总办会上，几乎所有重要的决议都是在午夜 12 点以后才作出的。"

一个比较特殊的惯例是，腾讯的总办会没有表决制度，根据人力资源部门主管奚丹等人的记忆，"十来年里，没有一次决策是靠表决产生的。"在部门业务事项上，相关责任主管的意见很受重视，"谁主管，谁提出，谁负责"。在关系到公司整体战略的事务上，以达成共识为决策前提，若反对的人多，便会被搁置，而一旦为大多数人所赞同，反对者可以保留自己的意见。在这一过程中，马化腾并没有被授予"一票赞同"或"一票否决"的权力，他看上去更像是一位折中者。

---

① 腾讯公司 2016 年社会责任报告、2017 年社会责任报告、2018 年社会责任报告。

2005 年 10 月，腾讯宣布进行第二次组织架构调整。组织架构被划分为 5 个业务部门和 3 个服务支持部门。此次调整意味着事业部制度的形成。各事业部以产品为单位，分工运营。在这个架构中有一个非常微妙的安排：腾讯所有的业务基础都来自流量，然而，在组织架构中并没有一个类似于"总参谋部"这样的机构来进行流量的统筹配置。这一职权其实被掌握在了最高决策层手上。也就是说，腾讯的组织架构颇类似于"大权独揽，小权分散"的模式，各事业部的负责人在业务拓展上被授予了最大的权限，但其命脉始终由最高决策层控制。

在一次内部高管会上，马化腾谈及了调整后的管理理念，他指出："未来 5 年，腾讯最大的挑战就是执行力。市场怎么样，大家都看得见，但不一定都拿得住。通过完整的指标体系和组织架构保证压力的传导，通过严格考核和末位淘汰制留住好的人才，而所有这些，能把腾讯打造成一个不依赖个人精英，而是依靠体制化动力的成熟体系。"①

腾讯公司的管理机制可以说是在马化腾这位"邮件狂人"的亲力推动下悄然形成的。马化腾自陈是"一个不善言辞的人"，他用以推动迭代进化的办法，就是亲自参与几乎所有的产品研发，然后用发邮件的方式下"指导棋"，他可以算得上是中国首屈一指的"邮件狂人"。

所有接受笔者访谈的腾讯人都对马化腾的"发邮神功"表示惊奇，甚至觉得不可思议。腾讯以产品线超长著称，但是马化腾几乎能关注到所有迭代的细节。

曾主持 QQ 空间开发的郑志昊讲述，马化腾与他的团队的邮件往来起码超过 2000 份；2007 年，张小龙主刀 QQ 邮箱的改版，这在当时的腾讯体系内是一个非常边缘的产品，而马化腾在一年半的时间里，与他

---

① 吴晓波著：《腾讯传 1998－2016》，2017 年 2 月，第 72 页，第 126－128 页。

的团队来往了 1300 多份邮件。

一位程序员讲述过这样的经历：有一次，他做了一个 PPT，后半夜 2 点钟发给了马化腾，本想洗洗睡了，没料到过了 20 多分钟，马化腾就发回了修改建议。曾主管 QQ 会员业务的顾思斌回忆说，马化腾对页面的字体、字节、大小、色彩等都非常敏感。有一次，他收到一份邮件，马化腾指出两个字之间的间距好像有问题。

有一个在腾讯人中流传甚广的段子是：一天早上来到公司，发现马化腾凌晨 4 点半发的邮件，总裁很快回了邮件，副总裁 10 点半回，几个总经理 12 点回复了讨论结论，到下午 3 点，技术方案已经有了，晚上 10 点，产品经理发出了该项目的详细排期，总共用时 18 个小时。张志东因此认为："腾讯的产品迭代就是一个被马化腾的邮件推着走的过程。"

通过这些事例可以看出，如果没有对用户需求的深入洞悉，也就没有快速的产品完善反应。亨利·福特曾经说："成功的秘诀，在于把自己的脚放入他人的鞋子里，进而用他人的角度来考虑事物，服务就是这样的精神，站在客人的立场去看整个世界。"看来，从客户的角度思考商业，是一个公开的秘密。①

2008 年，熊明华让人根据马化腾和广州研发院在研发 QQ 邮箱过程中提出建议的 1000 多份邮件总结出一个 PPT，在公司的产品技术峰会上做一个演讲，结果他讲得非常成功。

马化腾的演讲稿在网上流传甚广，这也是他第一次在半公开场合系统地阐述自己的产品观。

---

① 吴晓波著：《腾讯传 1998–2016》，2017 年 2 月，第 218–219 页。

关于"核心能力"——

任何产品都有核心功能，其宗旨就是能帮助到用户，解决用户某一方面的需求，如节省时间、解决问题、提升效率等。核心能力要做到极致。要多想如何通过技术实现差异化，让人家做不到，或通过一年半载才能追上。

很多用户评论 QQ 邮箱时说用 QQ 唯一的理由是传文件快、有群，那这就是我们的优势，我们要将这样的优势发挥到极致。比如离线传文件，以邮件方式体现就是一个中转站，即使是超大的文件也不困难，关键是要去做。虽然真正使用的用户并不一定多，但用户会说，我要传大文件，找了半天找不到可以传的地方，万般无奈之下用了很"烂"的QQ 邮箱，居然行了，于是我们的口碑就来了。

谈到核心的能力，首先就要有技术突破点。我们不能做人家有我也有的东西，否则总是排在第二第三，虽然也有机会，但缺乏第一次出来时的惊喜，会失去用户的认同感。这时候，你第一要关注的就是你的产品的硬指标。在设计和开发的时候你就要考虑到外界会将它与竞争对手作比较。

要做大，你首先要考虑的就是如何让人家想到也追不上。这么多年在互联网数据中心上的积累我们不能浪费，比如高速上传和城域网中转站，接着可能又会发现新的问题，如果不是邮件，在 IM（即时通讯）上又该怎么实现。我们的目的是要让用户感到超快、飞快，让用户体验非常好，这些都需要大量技术和后台来配合。

产品的更新和升级需要产品经理来配合，但我们产品经理做研发出身的不多。而产品和服务是需要大量技术背景支持的，我们希望的产品经理是非常资深的，最好是由做过前端、后端开发的技术研发人员晋升而来。好的产品最好交到一个有技术能力、有经验的人员手上，这样会让大家更加放心。如果产品经理不合格，让很多兄弟陪着干，结果发现方向错误，这是非常浪费和挫伤团队士气的。

关于"口碑"——

个性化服务，并不是大众化服务，也是要取得口碑的。

一个产品在没有口碑的时候，不要滥用平台。我们的产品经理精力好像分配得很好，50%产品、50%营销，当然，如果你在基础环节控制得好，这样当然可以。但多数情况下我们的人第一点都做不好。如果你的实力和胜算不到70%、80%，那么就把精力放在最核心的地方。当你的产品已经获得良好口碑，处于上升期后再考虑这些。

产品经理要关注最最核心、能够获得用户口碑的战略点，如果这块没做透，结果只能是让用户失望，然后再花更多的精力弥补，这是得不偿失的。当用户在自动增长（用户会主动推荐朋友来使用我们的产品），就不要去打扰用户，否则可能是好心办坏事。这时，每做一件事情，每加一个东西都要很慎重地考虑，真的是有建设性地去增加产品的一个口碑。当用户口碑坏掉后，再将用户拉回来很难。

增加功能，在管理控制功能上也要有技巧。在核心功能做好后，常用功能是要逐步补齐的。产品在局部、细小之处的创新应该永不满足。作为一个有良好口碑的产品，每加一个功能都要考虑清楚，这个功能给10%的用户带来好感的时候是否会给90%的用户带来困惑。有冲突的时候要聪明，分情况避免。每个功能不一定要用得多才是好，而是用了的人都觉得好才是真的好。

做产品开发的时候需要有较强的研发机制保证，这样可以让产品开发更加敏捷和快速。就算是大项目也要灵活。不能说等3个月后再给你东西看，这个时候竞争对手已经跑出去不知道多远了。

做产品要做口碑就要关注高端用户、意见领袖关注的方向。以前，我们的思路是抓大放小，满足大部分"小白"用户的需求。但是现在来看，高端用户的感受才是真正可以拿口碑的。

关于"体验迭代"——

产品经理要把自己当成一个"最挑剔的用户"。我们做产品的精力是有限的，交互内容很多，所以要抓最常见的一块。流量、用量最大的地方都要考虑，要规范到让用户使用得很舒服。要在感觉、触觉上都有琢磨，有困惑要想到去改善，如鼠标少移动、可快速点到等。

开发人员要用心来思考产品，而不是公事公办的态度。你要知道用户、同行会关注你的产品，在这种驱动下开发人员要有责任心去主动完成。不能说等到产品都做好了，流水线一样送到面前再做。40%～50%产品的最终体验应是由开发人员决定的。产品人员不要嫉妒有些工作是开发人员设计的，只有这样才是团队共同参与，否则出来的产品一定会慢半拍。

关于"细节美学"——

像邮箱的"返回"按钮放在哪儿，放右边还是左边，大家要多琢磨，怎么放更好，想好了再上线测试。对同一个用户发信，在此用户有多个邮箱的情况下如何默认选最近用的一个账号，这些需求都很小，但你真正做出来了，用户就会说好，虽然他未必能说出好在哪里。

开发的产品要符合用户的使用习惯，如更多人在写邮件的时候习惯用键盘操作来拷贝东西，虽然实现起来有些技术难度，但也是可以解决的。还有对鼠标反馈的灵敏性、便捷性等方面也是一样。

在设计上我们应该坚持几点：不强迫用户；不为1%的需求骚扰

99%的用户；淡淡的美术，点到即止；不能刻意地迎合低龄化。

在产品的总体构架及运营上，则可以采用下述的策略：

——交互功能："Don't make me think!"（别让我思考！）

——美术呈现："尽可能简单。"

——产品设计："让功能存在于无形之中。"

——运营要求："不稳定会功亏一篑！"

——总体要求："快速，稳定，功能强，体验好！"

——发现需求：勤看 BBS 和 Blog。

马化腾的这场演讲尽管"以 QQ 邮箱的用户体验"为题，然而却包含了他几乎所有的产品哲学，其中提及的很多概念，比如"口碑创造""速度""极致""细节""单点突破"等，在后来都成为互联网产品的标配性语言。①

腾讯认为最大的危机不在外部竞争，而在内部协调。腾讯借由即时的邮件沟通模式，形成了企业内部管理者与员工间针对战略、决策、产品等方面的交流平台。在组织内部，层层推进，传递企业理念哲学，快速迭代产品，提升组织敏捷性和灵活度。不仅仅在管理者与员工间重视开放、分享，在用户与企业间也同样重视开放、分享。为了解答用户体验的一个终极问题"用户到底需要什么"，腾讯专门建了一个秘密武器：Support 产品交流平台。Support 是一个海量用户与产品经理直接交流与沟通的平台，产品经理通过每天在自己的产品交流版面上的浏览，来获取用户的需求与想法。

此外，企业大型活动中管理者所传递的管理理念，也让我们更清晰地察觉到腾讯对开放和分享的关注。2010 年，在腾讯战略管理大会上，

---

① 吴晓波著：《腾讯传 1998 – 2016》，2017 年 2 月，第 223 – 227 页。

马化腾提出了两个战略要求：第一，围绕"一站式在线生活"，迅猛拓展业务范围，加大在搜索、安全、移动互联网以及微博上的投入，争取在乱局中夺取更多的份额。第二，腾讯内部各业务单元需建立新的协作机制，灵活机动打破"部门墙"。也在同一年，腾讯的 12 周年成立纪念日，马化腾选择邮件的方式与企业员工沟通，阐述运营反思和未来发展方向。在邮件的最后，他强调："也许今天我还不能向大家断言会有哪些变化，但我们将尝试在腾讯未来的发展中注入更多开放、分享的元素。我们将会更加积极推动平台开放，关注产业链的和谐，因为腾讯的梦想不是让自己变成更强、最大的公司，而是最受人尊重的公司。"

马化腾一直在企业内部倡导生态型组织。他提出要构建生态型组织，让企业组织本身在无控过程中拥有自进化、自组织的能力。也就是说，他强调需要提高组织的进化度。进化度，实质就是一个企业的文化、组织方式是否具有自主进化、自我生长、自我修复、自我净化的能力。在传统机械型组织里，一个新的创新，很难获得足够的资源和支持，甚至会因为与组织过去的战略、优势相冲突而被排斥，因为企业追求精准、控制和可预期，很多创新难以找到生存空间。要想改变它，唯一构建一个新的组织形态，所以马化腾在选择管理模式时更倾向于生物型组织。那些真正有活力的生态系统，外界看起来似乎是混乱和失控的，其实是组织在自然生长进化，在寻找创新（吴晓波，2017）。

通过上述内容，可以看出公司全体上下借由邮件、会议、畅通沟通平台的交流和对话，快速迭代产品、争做敏捷企业，以保持自身一定程度的灵活性，适应互联网产业的瞬息万变。看似失控的管理控制模式，其实是赋予企业寻找变革、自我跃迁和进化的新管理方法。这种管理控制系统不是传统意义上的诊断式管理，而是倡导不可预期、可变化、自由和开放的交互式管理理念。

六、吉利控股集团

吉利控股集团（以下简称吉利或吉利汽车）始建于 1986 年，1997 年进入汽车行业，始终专注实业，坚持技术创新和人才培养，积极推动转型升级。经过多年的探索实践，吉利已发展成为集汽车整车、动力总成和关键零部件设计、研发、生产、销售和服务于一体，涵盖出行服务、数字科技、金融服务、教育等业务的全球创新型科技企业集团，连续 8 年进入世界 500 强。吉利控股集团由吉利汽车集团、沃尔沃汽车集团、吉利科技集团、吉利新能源商用车集团和铭泰集团等五大核心子集团组成。2019 年度，吉利营业总收入约 974 亿元，净利润约 82 亿元。获得浙江高质量发展领军企业、2019 年中国民营幸福企业标杆单位、第六届浙江省慈善奖"扶贫攻坚奖"等众多奖项，位列国际知名咨询公司 Interbrand "2019 中国最佳品牌排行榜"中国品牌车企第一。

随着对产品结构的持续优化，吉利汽车的消费族群也悄然改变。在一、二线城市，吉利汽车的用户占比连续超过五成，用户年龄特征也逐步趋于年轻化、精英化，90 后群体占比超过 51%。根据英国品牌价值及战略咨询机构 Brand Finance 发布的《2018 全球最具价值汽车品牌百强榜》显示，吉利汽车的品牌估值上涨 62%，达到 60 亿美元。

吉利树立"造最安全、最环保、最节能的好车，让吉利汽车走遍全世界"的使命，秉承"让世界充满吉利"的愿景，建立"快乐人生、吉利相伴"的核心价值理念和传承"团队、学习、创新、拼搏、实事求是、精益求精"的吉利精神。吉利认为，自动驾驶将是一个由安全、健康、人、车交互构成的"智能命运共同体"。其关键是智能，本质是汽车，特点是通信基础设施网联化，前提是确保交通安全、顺畅、高效率。智能汽车的终极目标"安全无人驾驶"将用户与车辆、车辆与车辆、车企与车企之间紧紧相连。吉利始终秉承"开放共赢、和谐共生"的理念，不断深化行业内及行业间的合作交流，实现智慧汇集和携手共进。

现如今，世界各国都必须减少排放、节约能源并确保可持续发展。因此，吉利坚守使命和愿景，不断增加其对技术创新和产品改进的投资，尤其是动力系技术、车内空气质量、车辆安全及新能源战略等方面的投资。在建设新工厂以及改造老工厂的整个过程中，集团采用最先进的环保、节能技术和设施。同时，吉利相信员工对推动及实施节能减排活动至关重要。所以，吉利重视发展绿色办公室文化，以提高员工的环保意识。减少工作场所的能源消耗。另外，吉利将教育和环保作为公益聚焦领域，同时辐射文化传播、扶贫赈灾和困难帮扶三个公益议题。

从 2010 年开始，吉利汽车采取利润分离的管理会计责任中心。也就是说，使用产品线责任利润中心管理模式来提高经济效益。该模式核心思路是突破传统的组织结构，以市场为导向，以经济绩效为目标，为企业内部资源协调、运营控制、业绩评价和员工激励等提供业务决策依据，衡量经济成果。具体而言，吉利通过划分经营体核算单位，采用去行政化、职能化的手段强化基层的专业化能力，重构了任务到位、资源到位、激励到位、直面市场的责权一体化运营体系。同时，建立简单的、直观的考核激励机制，以绩效激励价值创造，达到激发基层经营团队活力的目标。此外，利用财务共享、信息系统等手段实现资金流和物流的分离，在组织分权的基础上，实现了公开、透明、实时的业务活动管理控制。通过扁平化的组织结构，促使经营体单元改良，确保资源切实下放到执行层。这种管控模式，激发了各层级员工的活动，实现了资源投入与任务挂钩、业务发展与绩效挂钩、企业价值与个人薪酬挂钩的目标（季周，2019）。

吉利严格按照上市规则和相关法律法规要求，持续完善公司治理架构，形成权力机构、决策机构、监督机构和经营管理机构之间的制衡，并定期对内部控制制度与运行的有效性进行跟踪评价，确保吉利各项业务的持续健康发展。董事会的主要职责包括制定发展战略、审议重大议题、维护投资者关系以及强化风险防控。目前，吉利董事会设立董事局办公室以及合规、审计和薪酬三个专业委员会。在经营管理委员会的统筹协调下，由吉利总部各职能部门和各子公司相关部门开展具体的日常管理和运营工作。

依法合规是新形势下企业高质量发展的基础。在合规管理方面，吉利在遵循外部法律法规和规范的基础上，建立并逐步完善内部合规管理制度。在吉利，合规最高治理机构为合规委员会，目前已经形成一个五级合规管理组织体系，由合规委员会、首席合规官、合规办公室、合规管理岗和合规联络员组成。此外，吉利致力于合规文化建设，并通过合规宣传月、合规知识竞赛、合规模拟法庭等形式，不断提升员工的合规意识。为了提高吉利各项合规制度的执行效率和力度，吉利开发了招标管理、合同管理、知识产权管理、诉讼管理、利益冲突管理和外来礼品管理等信息化系统。相关业务执行均按照标准流程操作，既提高了工作效率，又防范了法律和合规制度风险。

在风险防控方面，吉利通过一整套制度和机制，提前识别、评估和规避企业运营中的内外风险。吉利围绕重点领域、重点环节和重点人员，建立风险管理系统和程序。吉利内审、内控、纪检监察部和法务等部门结合各自的风险防控职责，深入研发、采购、制造、销售、招聘、新业务等各个业务模块开展风险评估工作，同时将环境、社会和管治因素纳入吉利风险识别体系，编制风险地图，形成多道风险管理防线。

吉利坚持"尊重人、成就人、幸福人"的理念，致力于营造平等、公平、和谐的工作环境。吉利因地制宜地开展跨文化沟通与融合，整合不同历史及文化背景的全球人才，拒绝种族、国籍、宗教、残疾、性别、学历等方面的歧视和强迫劳动。同时严格执行国家及地方法律法规，禁止录用16周岁以下的童工。

吉利敢用新人，不论资排辈，在吉利所获得的不仅仅是优厚的薪酬回报，更多的是事业的平台、成长的空间、国际化的视野。吉利在员工管理方面，跳出人力资源范畴本身，打造更符合全球人才发展和管理的"看见（See）"模型。"看见"模型主要有两层寓意：从外向内看，通过吉利的发展战略及企业文化，实现全球人才集聚，让组织外部看见吉利的平台和空间；从内向外看，通过内生型人才培养机制及有竞争力的激励体系，激发员工活力与创造力，让内部员工看得见自己的成长和成才。

这里面，"看见"意味着看见未来、看见价值、看见需求。换言之，看见未来，即基于人才战略（strategy）层面；看见价值，即基于人才赋能（empowering）层面；看见需求，即基于人才体验（experience）层面着手。从人才战略侧面看，吉利以国际视野进行全球布局，对全球人才进行统一规划、统筹培养、评价与激励。通过制定全球化人才战略，建设敏捷型组织，搭建业务定制化人才模型，建立全球化思维、本土化运作的机制，进一步优化人才结构，实现人才与企业发展的双赢。从人才赋能侧面看，一方面，吉利通过高潜人才选拔、技能比赛等发现人才；另一方面，通过蓄能工程打造内部动能机制，通过激活工程提升组织效能和活力，同时通过人才交付工程加快人才梯队化建设，通过全员培训工程，实现员工自我赋能。从人才体验侧面看，在员工面试、入职、试用、留用、轮岗、退休/离职的不同阶段，根据人才的差异化需求，吉利为员工建立全职业生命周期的关爱计划，提高员工的归属感和幸福感；另外，通过为员工创造无边界产品交付场景新体验、打造服务体验感知质量工程、执行战略人才地图计划、大数据透视项目等，增强员工在吉利的获得感和成就感。

在人才培养方面，针对员工发展的不同时期，不同阶段，吉利规划了相应的场景化、个性化的培养方案。梯队化人才培养由干部培养、专业人才培养、技能人才和储备人才四个层面组成。各个层面都具有专门的培养体系。干部培养持续开展启航、远航、领航以及各基地项目；同时实施"高潜期海豚计划"和"新晋期转身计划"等特色项目。在专业人才培养方面，吉利成立了各类专业学院，并开展"海豚班经理成长计划""质量精英特训营"和"新能源人才储备及培养项目"等。在技能人才培养方面，吉利打造"成蝶计划"，并通过校企合作定向培养技能人才。在储备人才方面，吉利提供雏雁、大雁、飞雁、金雁等"雁计划"培养体系。

雏雁项目，即面向实习生，吉利开展集中培训，培养实习生在一线历练的项目。通过培养，提升实习生在心态转换、企业融入、岗位素养、工作方法、通用知识和积极主动等方面的能力。大雁项目，即面向应届生，采用理论培训和专业轮岗方式，培养应届生的职位兴趣，促使快速提升其个人专长和专业能力。飞雁项目，即面向企业的潜力股员工,通过能力拔高特训,促使其提高独立承担、战术执行等方面的能力;通过工作项目,提升其专业素养。金雁项目,即面向中坚力量,培养战略高潜人才,提高其战略落地、战术制定、攻坚克难、创新突破等方面的能力。

在培训资源及学习平台建设方面,吉利依托任职资格标准体系,搭建480多个基准岗位的岗位图谱并编制课程地图。目前已经产出6000多门面授与线上课程,3200位内训师。另外,吉利自主开发具备在线学习、知识管理、培训数据统计的综合培训管理平台,建立信息化、精准化的员工培训档案,实现员工移动化学习和培训体系的标准化运营管理,不断激发人才潜力和价值创造力。

在薪酬福利方面,吉利汽车集团为了让员工找到合适的发展方向,发扬工匠精神,针对不同职业类型员工设置相应的发展通道。吉利建立了完善的福利体系,并兼顾和尊重外籍员工的文化习惯。每年为员工提供季度福利、节假日福利、生日福利和体检福利。同时,吉利严格按照国家规定执行年假、病假、产假/陪产假、婚假、丧假等各项休假制度。

2019年,吉利打造分层分级、阳光透明的绩效考核和激励体系,将福利及争优创先机会平等地开放给每一位员工。针对全体员工,推行激励管理办法,设置各类荣誉;针对中高级管理干部及核心骨干,给予一定的股权激励,实施中长期激励机制;针对一线员工,搭建以岗位技能为基础,以绩效为驱动的薪酬体系。

吉利坚持采取弹性制度为多元人才提供平等的就业机会和晋升机会。在原有管理、专业、技能三个通道独立晋升的基础上,2019年,员工有机会在全集团范围内尝试岗位轮转,开辟跨通道职业发展的新路径。培养内生型复合人才的同时,以高度灵活的制度体系,实现员工在企业内部的晋升和转型。同时，吉利借由经常性的民主沟通与员工形成了和谐的劳动关系。吉利与员工签订《工资专项集体合同》《女职工权益保护协议》等七项集体约定，员工可以通过职工代表大会、集体协商等途径，民主参与企业的经营管理活动。吉利得益于健全的员工权益保障制度，2018 年和 2019 年的员工满意度各提升为 85.4%、86.2%，实现了连续 6 年逐年递增。同时，结合多年累积的实践成果，吉利于 2018 年开发了职业诚信系统。该系统不仅能够帮助企业挖掘职业诚信人才，个人也可以围绕预设的诚信标准，建立自己的职业诚信档案，共同促进诚信社会生态。

在关爱员工方面，吉利努力构建从员工入职、工作生活到退休的全过程生命周期关爱体系。企业针对入职、交友、结婚、生育、居住、教育引导、风险保障、创先争优、退休等近 12 项提供举措，精准营造超预期的关爱体验，助力员工快乐工作。

吉利认为企业文化是所有员工经过长期磨合所创造出的价值观，形成了"奋斗者文化、问题文化、对标文化、合规文化"四大文化体系。也就是说，奋斗者文化，意味着推崇以用户为中心，以结果为导向，追求卓越，并且持续创造价值的文化。问题文化，意味着发现问题是好事，解决问题是大事，回避问题是蠢事，没有问题是坏事的组织氛围。对标文化，体现了吉利愿成为瞄准高绩效、高成长的卓越组织，勇于立标，成为行业的引领者的决心。合规文化，意味着全体员工主动合规，做到廉洁自律、诚实守信、勤勉尽责、高效透明的企业文化。

除此之外，吉利通过科技创新，助力人力资源管理，为员工提供开放的共享的沟通渠道。吉利坚持走科技创新道路，自主研发手机系统，以便捷的操作、强大的资讯以及友好的界面，为吉利全体员工提供了专业的人力资源服务。员工只需要打开手机，轻松点击，便可随时随地了解企业资讯，进行个人信息查询等自助服务，还可以进入兴趣论坛和员工社群进行社交，极大地提升了员工体验。

在各基地及工厂建设初期，吉利就已经同步规划住宅、医院和幼儿园配套设施。在企业建设和发展过程中，除投入资金改善健身房、母婴室、员工宿舍等硬件基础设施之外，吉利为员工提供健康检测、药品配备、健康咨询、医疗援助等各项健康管理服务。另外，为了丰富员工生活，吉利还组织迎春晚会、歌手大赛、羽毛球赛、篮球赛、乒乓球赛等各项文娱活动。吉利的关爱延伸至员工家庭，使每位吉利人能够安心开展工作，不断提高工作能力和工作水平。

2019年12月，吉利为香港员工举办了一场别开生面的心理工作坊团建活动。不同级别的员工积极响应，员工覆盖率近70%。通过此次心理工作坊活动，借由音乐心灵导航、心理剧课程的方式，以关爱员工及其心理健康为主题，为员工疏导各种压力，释放负面情绪。同时，在企业和员工之间架起关爱的桥梁，增加了各层级员工间的沟通力和凝聚力。

吉利对人才的重视也体现在其匠心办学上。吉利认为人才是创新的第一资源。吉利1997年进入汽车行业的同时创办学校，吉利的创业史也是一部教育史。目前，吉利创办了6所院校。各高校始终秉承"走进校园是为了更好地走向社会"的办学宗旨，以教育情怀为乐趣，围绕国家战略和地方经济社会发展趋势，开设各类学科。同时，吉利不断探索"职业人"式的人才培养模式，为毕业生提供广阔的实习和就业机会。

在员工健康安全方面，吉利以安全生产信息化平台为载体，通过举办"安全生产月"等系列活动，全面推行安全生产标准化建设。同时，积极开展职业危害因素识别和风险管控，不断加强员工安全教育和培训，至今未发生重大安全和职业病事件。安全生产信息化工程覆盖 10 个整车在产基地，涉及工作计划、隐患整改、危险作业、教育培训、应急管理、事故事件等 16 个管理模块，现场安全管理效率和信息化水平有效提升。2019 年，吉利秉承以人为本、关心员工职业健康安全的理念，对安全生产信息化系统进行升级，新增证书管理、移动巡查、消息提醒等功能，优化危险作业和隐患排查业务流程。并参照《机械制造企业安全质量标准化工作指南》，从基础管理、机械、电气、热工燃爆、作业环境与职业健康 5 个维度，全面推行一级安全生产标准化建设。

不仅如此，吉利认为在技术创新、消费升级的过程中，汽车产品研发理念需要与时俱进，而安全是其中的核心话题。吉利将人本安全扩展至涵盖被动安全、主动安全、行人安全、环境安全、信息安全、财产安全和高压安全的"全域安全"理念。从交通事故深入调查和跟踪评估着手，还原事故场景，构建用于测试主动安全、自动驾驶功能的虚拟场景数据库。并有针对性地提出产品改进建议，以更高层次和更加全面的安全新标准，重新定义汽车安全认知，全方位守护用车生活。

在与供应商合作方面，吉利从技术、管理、人员等方面为供应商发展提供全方位的支持，推动双向沟通和知识共享，不断提升过程的有效性和效率，促进合作共赢。2018 年，吉利帮助 132 家供应商完成能力提升项目，发现并解决零部件问题 2.6 万多项，供应商质量提升所创造的经济价值约 6.9 亿元。同时，吉利从供应商质量、成本、交付和技术四个维度，按季度开展供应商绩效考核。评价结果从优到劣分为 A、B、

C、D 四个等级，并制定相应的奖惩措施。质量维度，主要检查供应商配合态度、问题解决能力、诚信问题、外检合格情况和现场废料数据等内容。成本评价维度，主要是在满足质量前提下，对供应商进行的价格优势评估。交付维度，主要是对供应商的库存补充是否及时、停线时长、超额运费发生情况以及备件满足率情况进行考核。技术维度，是对供应商开发进度保证能力、技术能力表现、信息安全风险处理进行的绩效考核。根据供应商年度考核情况，每年引进优秀供应商，淘汰前 20 位的不良供应商。

同时，吉利将环保理念贯穿于研发、采购、生产、运输、回收等汽车全生命周期。吉利积极推进新能源战略，通过精细化的环境管理和高效的节能减排措施，加快建设更加绿色和智能的现代化工厂。在环境管理方面，吉利积极营造绿色办公氛围。企业倡导每位吉利人从身边小事做起，在日常办公过程中节约资源能源，减少污染物的产生和排放。严格控制空调开启温度，办公大楼更换节能灯，鼓励六层以下不乘电梯，提倡办公文件双面打印及无纸化办公，减少电脑等办公设备的待机耗能，通过一系列精细化管理措施来实现低碳办公。另外，吉利各工厂选址均在规划的一般工业区中，未靠近自然保护区、风景名胜区等环境敏感区域，不会影响当地生物多样性和重要水源，且所有重大建设项目均按照要求获得环境影响评价批复。

此外，在质量管理方面，吉利从产品的安全、可靠、舒适出发，按照研发、采购、制造、销售服务全流程开展全面质量对标。调研客户需求及期望，识别产品实现过程的关键要素，设立考核指标和评价标准，定期开展产品线全流程竞争力评价及专项审核，确保质量管理体系的持续改善。同时，围绕设计质量、过程质量、零部件质量和感知质量，吉利以越级对标为基础，打造制造质量"零缺陷"体系。2018年，吉利把各产品线实施的有效改进方案和工作方法形成共享手册供员工交流和沟通。①

由此可见，吉利努力保障员工健康安全，关爱员工并提供广阔成长空间。通过自主培养、产学联盟、职业教育培训等梯队化人才培养机制，缩短了新员工适应新工作环境所需的时间，促进了员工的组织认同感和组织归属感，提升了组织学习能力和领导力。同时，吉利采取专业化、扁平化的组织结构，重视向组织成员传递企业目标，使得个人目标与组织目标统一，形成了开放的、透明的、交互的管理控制模式，实现了成本改善和绩效提升的双赢。

第二节　国外管理控制系统应用现状

一、百事公司

交互控制系统为管理者提供了一种重要的方法，使管理者可以依靠系统来提供指导而不是偶尔为之。许多一流的战略都出自一线员工新奇的想法。在百事公司，一个当地试验最终奠定了一个新战略的基础：

我们努力工作想以7%的市场份额向可口可乐37%的市场份额发起挑战。这已经不是一场比赛。在完全的绝望中，拉里·史密斯（Larry Smith）等人强烈要求采取一种比百事平时使用的更强有力的广告攻势。

---

① 吉利控股集团2018年社会责任报告、2019年社会责任报告。

由于不想影响我们取得巨大成功的"百事新一代"活动,百事公司广告经理和我们的广告经纪人否决了这个提议。史密斯毫不受挫地在得克萨斯州雇用了自己的广告经纪人,并派他的营销部副总裁与之合作,创造出与我们公司或其他公司所做的都不同的东西。结果这成为有史以来最伟大和成功的促销活动。得克萨斯州的广告经纪人把它称为"百事挑战"。

通过把注意力集中到战略不确定性上,管理者可以利用交互控制系统过程来指导新机会的搜寻、促进试验和迅速反应并控制一个本来可能会一片混乱的过程。

在很长的一段时间内,作为交互控制系统之特色的争论和对话使得一家企业能够调整和更新其战略:

我们把每一次"百事挑战"都当作一件大事,当作我们与可口可乐长期斗争中的一场战役。在一次"百事挑战"开始的几周以前,我们开始对产品进行质量测试。

如果产品不合格,我们会改进它的口味。这场比赛的一个子目标的完成,将提升我们产品的整体质量。①

二、IPG 集团

在《财务总监》杂志的一篇文章里,IPG 集团(一家总部设在纽约的广告公司)的管理者描述了他们的利润计划和预算过程:

每个系统内业务和财务结果的完整复核随着 12 月份的预算过程而

---

① John Sculley, Odyssey: *Pepsi to Apple: A Journey of Adventure, Ideas, and the Future* (New York: Harper & Row, 1987): pp. 43 – 44, 49.

开始。我们三个主营业务的管理层会与每一个当地代理处的财务和运营经理见面。之后，这三个代理系统的经理向 IPG 以预定的方式进行使命陈述、业务展望和业务战略（比如新的业务机会）的展示。每年，我们根据 IPG 的目标和历史表现，为每个代理处设定在收入、毛利、营业利润和净收入增长方面的指标，并提供薪酬指引和目标。在预算会议上，我们与每个代理系统的经理合力确保目标和指引是现实而可实现的。

我们也会和每个代理处的经理一起复核合并层面上的财务趋势数据，并注重主要市场和问题市场。每次复核都包括现金、股利、应收账款管理、资本支出要求和技术需求。当我们完成对预算的复核之后，会对复核进行整合，然后同公司利润目标及达到目标的计划一起在每年 2 月向董事会展示。

每年 4 月和 9 月，IPG 与代理系统的经理进行跟进或更新会议，按照预算和目标来衡量绩效。这些都是对代理系统的业务和客户关系的完整而真实可靠的复核，用于保证代理系统完全了解业务方向、新业务机会、现金及资本要求和可能的并购现象。这些更新会议对全局管理过程非常关键，并使 IPG 与代理系统的运营和财务经理进行互动，同时保持开放的沟通，这对一个全球性企业是非常关键的。①

三、强生集团

1986 年 5 月 8 日，晚上 8 点，在 Codman & Shurtleff 公司（强生集

---

① Thomas J. Volpe and Alan M. Forster: "Ruling With A Firm Hand," *Financial Executive* 11 (January/February, 1995): 43 – 47.

团的一家子公司）5 月 8 日讨论 6 月份预算修订的董事会结束后，罗伊·布莱克（Roy Black），查克·邓恩（Chuck Dunn），鲍勃·迪克（Bob Dick）和格斯·弗莱塔斯（Gus Fleitas）继续工作到很晚，检查 R&D 正在进行的项目。他们的检查主要集中在最初 1986 年预算中的 R&D 项目。他们想找出因为市场情况的变化能够撤掉的项目或者因为非计划的放缓能够推迟到 1987 年实施的项目。在讨论了项目大纲和主要项目的优先次序之后，罗伊·布莱克（Roy Black）让查克·邓恩带领他的员工第二天早晨继续工作，详细检查 40 个正在进行的项目，找出能够在 6 月份预算修订中削减的开支。

1986 年 5 月 9 日，上午 7：45，除了查克·邓恩还有 4 个人坐在小会议室的桌子旁。鲍勃·沙利文（Bob Sullivan）和吉诺·隆巴尔多（Gino Lombardo）是项目经理，他们向研究部门副总裁比尔·贝利（Bill Bailey）报告。约翰·史密斯（John Smith）是在绍斯布里奇专门研究显微镜、光线和光镜设备的技术发展部门经理。戈登·汤普森（Gordon Thompson）是研究项目的会计师，代表财务部门。

在给每个人端了一杯咖啡之后，查克关上门转向其他人，说道：

> 目前的状况是，我们相比"6 月修订"的税前利润目标少了将近 200 万美元。你们知道我们今年的销售量是超过预算水平的，但是最近发生的一些意料之外的事情，比如，不利的产品结构，以及成本的大额差异尤其是欧洲的产品，这些都对利润计划产生了不利的影响。
>
> 今天早晨我想让你们四个人检查我们的原始支出计划，看看我们目前的情况。比如我们知道 R&D 部门在一季度少花了 20 万美

元，因此我想我们应该以 R&D 部门在 1986 年预算中放弃 20 万美元为起点。我知道你们会争论说这只是时间差异，但是你们跟我一样清楚，根据 R&D 部门的记录，这些钱有可能今年不会花掉。

现在是时候让 R&D 部门放弃对这部分钱的幻想和希望了。如果我们卷起袖子加把劲，我们就可能找出 40 万美元，而不会牺牲 1986 年的目标和长远的发展。

我们昨晚工作到很晚检查项目清单，我想这件事情是可以实现的。今天下午两点我还需要与董事会会面，我希望我能够告诉他们我们可以做到。这就需要你们仔细筛查所有项目并找出能省下的钱。我们在寻找那些已经拖延、可以被搁置的项目以及正在进行的工作中可以节省的开支。

在查克给这一小组分配了工作之后，戈登领导小组检查项目的清单。对于每一个项目小组讨论到目前为止的支出，项目的问题和本年剩余时间需要的支出。针对每一个项目戈登都会问是否有支出可以削减，偶尔会问到需要澄清的地方。在单独的一叠纸上他记录下 R&D 部门经理同意的削减。他翻到项目 23：

项目 23 怎么样？你们曾计划今年试生产 100 个样机，这仍然应该包括在时间表上吗？

是的，这一项目已步入正轨并且看起来很有前途。我想我们可以减少到 50 个而不会影响到我们的目标。有人对此有异议吗？

这并不是一个好主意。这一项目产品需要有很高质量的材料，我们费了很大的劲才将其价格降到合理水平（即使是每次生产 100

件)。如果我们将产量减少，单位材料成本就会加倍。

好的，我们将会保持 100 件的计划。那么销售人员的样品呢？这方面我们能做些什么呢？

如果我们将样品的数量减少 1/3，我们可以节省 2 万美元。我估计我能够承受但是我不知道这会对营销计划产生什么影响。我给鲍勃·迪克打个电话问问他的想法。

戈登整个下午不断进行成本削减。邓恩每个小时停下来问一下，这个工作是如何产生的。

5 月 9 日，星期五，下午两点，罗伊·布莱克开始了会议，"格斯，你手里已经有包含我们做出改变的修订版预算了吗？怎么样？"

在格斯·弗莱塔斯把预算文件分发给 Godman & Shurtleff 公司董事会成员时，邓恩打断说，"罗伊，到现在我们已经在 R&D 找出 30 万美元。这需要调整本年剩余时间的项目优先次序列表，以及压缩在运行的项目。最后剩余的 10 万美元，我们仍然在努力重算预算数字以反映'项目经验因素'。换句话说，我认为可以通过弄清楚我们的项目总是比原计划花费更多时间的原因找出这 10 万美元。我的员工说我们已经对运行中的项目进行了大额削减。下一轮的削减必须是由项目自己进行了，而我们知道我们并不想这么做。"

"我们之前已经讨论过这个问题了"，布莱克回答说，"并且我想我们已经对答案达成了共识。在过去我们批准了太多的项目，超出我们能控制的范围，因而往往把工作拖延太长时间。解决的途径就是少批准一些项目，这是唯一可以做的事情。我们的任务就是将项目集中，结果就

136

是少一些项目。很不幸比尔·贝利（Bill Bailey）这周没有时间，但是我们不得不先开始并做出决策。"

在向董事会做了修订预算的简报之后，罗伊·布莱克与鲍勃·迪克讨论存货持有成本。"鲍勃，你不觉得我们这些周转率较低的存货水平过高吗？我们有 2700 种产品，持有这么多存货有意义吗？"

鲍勃·迪克点头表示同意，"你说得很对，当然我们的库存成本是非常高的，如果可以将这一成本减少，我们就可以弥补部门的差额，但是我们担心客户服务的水平。"

"同意，但是这可能会有余地为核心的关键产品提供快速的周转，以及为专业性较高的产品提供风险回购订单。例如，我们为所有一次性产品和植入性产品提供顶级服务，并且在价目表中将新医院建设中的组装产品标为'90 天内送货'或'定制品'。然后我们就可以集中于那些对客户而言快速周转是很重要的产品，以及因较慢交付而通常需要提前进行预订的产品。"

"我认为这是一个好的策略。虽然它不能为 6 月的预算修订提供帮助，但是我会让市场调查人员对此进行调查并在下个月汇报。"

"好的"，布莱克回答说，"现在剩下的问题是商业成本。我们需要你们每个人做贡献。我的意思是你们每个人回到自己的部门考虑一下削减你们商业成本的 2%。如果每个部门削减 2%，就能给我们提供 50 万美元。我认为必须在减少意外支出储备基金前将差额减少到 90 万美元。距离年末还有很长一段时间，开始减少意外支出储备还为时过早。"

布莱克转向人力资源部门的副总裁鲍勃·马拉特（Bob Marlatt）说："鲍勃，员工人数目前情况怎么样？"

"之前的退休项目在下个月会减轻公司薪酬部门的压力。这应该能够减少 14 名员工。另外，到年末前这一计划没有变化。我认为我们能够通过减少员工和按需支付加班费获得好处。"

布莱克对讨论进行总结：

我想我们都明白现在需要做什么。查克继续努力完成最后的 10 万美元。你们都考虑一下削减 2% 的商业成本以及裁掉非必要的员工。这意味着你们必须对经营活动进行排序，并找出排在末尾有什么可以放弃的。鲍勃，我想我们应该回去再检查一下我们的营销计划，看是否可以做些改变以提高收入。

我们需要将削减不超过 25 万美元的修订预算交给 Stolzer。如果有必要，我想我们可以减少意外支出储备以弥补差异。

你们的工作就是要削减自己的预算。我们星期一在这里再见。周末愉快！

会议之后，罗伊·布莱克回想发生的事情和他作为强生运营经理的角色。

这些会议都非常重要。我们应该经常考虑这些问题，但是当你一直忙于应付紧急的事情时这是很难的。强生的系统迫使我们停下来，认真考虑我们目前的情况和将来的发展方向。

我们知道问题在哪里，我们每天都要面对这些，但是这些会议使我们去思考应该如何回应，以及考虑业务上行和下行变化的可能性。它们真的使我们的创造力迸发出来。

我们的一些经理抱怨说：我们一直在进行计划和编制预算，每一个微小的变化都意味着我们要重新编制本年的预算以及下一年的预测。还有些人担心财务预测会减少我们的创新能力。但是我们为业务的长期发展而努力，我们避免所有会损害长期发展的成本活动。我相信 Herb Stolzer 对这一问题完全同意。

对分权管理的理解是十分重要的。你做的事情有明确的责任制，并且强生提供的系统较好。①

四、谷歌公司

谷歌的公司文化由使命、透明和发声的权利组成，它们并称为三大基石。使命给企业创造了动机，促使组织成员探索新的领域。透明意味着开放和信息分享，能使每一个人都了解不同团队的目标差异，避免内部竞争。一般情况下，谷歌管理者定期收集编辑好的会议记录，将其作为一种沟通媒介和学习工具，共享给全体员工。这些会议记录为组织成员提供了重要的公司时讯，阐释了作出决定的过程，并且鼓励了员工严谨的思维和沟通。发声的权利指的是给员工真正的话语权，决定公司如何运营。关于发声权利的研究显示，员工毫无保留地表达观点对于决策的水平、团队的表现和企业的表现都有正向的影响。所以，我们可以归纳出谷歌没有采用自上而下的管理机制，而是将权力放到员工手里。

谷歌的核心理念包括：用户至上，目标远大，不畏失败。谷歌人还都是科技的乐观主义者：他们相信，科技和互联网的力量能让世界变得更加美好。

2004 年 8 月 19 日，谷歌上市的时候，谢尔盖在投资者招股说明书

---

① 罗伯特·西蒙斯著，刘俊勇译：《业绩评价与控制系统》，2016 年 8 月，第 336 – 339 页。

中讲述了公司创始人对他们手下 1907 名员工的印象。以下节选部分内容：

我们的员工自称谷歌人，是我们公司的根本。谷歌是围绕着吸引和发挥出众的技术专家和商务人士的能力而打造的。我们有幸招募了很多具有创造性、有操守和不辞劳苦的工作明星。我们希望未来能够招募更多这样的人。我们会奖励他们，对他们好。

我们为员工提供很多不同寻常的福利，包括免费餐、医生和洗衣机。我们很细致地考虑这些福利对公司的长远益处。随着时间推移，我们不会削减这些福利，而会有所增加。我们认为在可以节省员工大量时间、改善他们健康状况、提高他们生产效率的福利方面不能贪小失大。

谷歌非比寻常的员工所有制成就了今天的我们。因为员工的才能，谷歌在几乎每个计算机科学领域都做着振奋人心的工作。我们所处的行业竞争激烈，而我们的产品是行业中最过硬的。有才能的人被吸引到谷歌，因为我们为他们提供了改变世界的动能；谷歌有大量的计算资源，足够个人一展身手。我们最大的优势在于有很多重要项目可做，员工可以在这里作出贡献，得到成长。我们致力于打造这样一种工作环境：有才能、努力工作的人会因为它们对谷歌的贡献以及为世界成为更好地方所作的努力而得到奖励。[①]

《重新定义团队》一书中指出保证员工的发展是谷歌生存发展的根本所在。谷歌在发展过程中的一些核心概念汇总成一种语言，经过转化可以适用于任何公司。第一，正确地设定目标。要让目标众所周知。目标要有野心。第二，收集同事反馈意见。有一系列线上工具，至少有谷

---

① 拉斯洛·博克著，宋伟译：《重新定义团队：谷歌如何工作》，2015 年 12 月，第 7 - 8 页。

歌表格，可以用于进行调查，整理结果。人都不喜欢被贴上标签，除非这个标签是非凡的赞誉。但是人都喜欢有助于工作的有用信息。多数公司缺少的正是后者。每一家公司都有某种评估体系，然后以此为依据分配奖励。极少公司有完善的员工发展机制。第三，通过校准流程确定考评结果。谷歌倾向于经理可以坐在一起探讨的会议，作为一个团队共同审评员工。这样需要更多的时间，但评估和决策的过程更可靠、更公正。采用这样的方式，人们可以坐在一起，加强交流，巩固公司珍视的价值，有利于公司文化的发展。面对面的会议对于员工数量不到 1 万人的公司是最高效的方法。员工数量超过 1 万之后，就需要大量的会议室才能安排下所有人。我们的员工数量已经超过 5 万，但仍然坚持着面对面的会议，因为这样是对员工最有益的做法。第四，把奖励分配谈话与员工发展谈话分开。两项谈话混为一谈会扼杀学习的动力。不管公司规模多大，这一点都适用。

值得关注的是，谷歌公司崇尚与人共享一切的管理系统模式。具体情况在《重新定义公司——谷歌是如何运营的》中有详尽的阐述：

谷歌的董事会报告就是例子。这个传统是埃里克（2001—2011 年担任谷歌的首席执行官）开创的，一直延续到了今天。每个季度，管理团队都会就企业现状拟一份深度报告，并呈交给董事会。报告中包括一部分文字信息（也就是致董事会的信），都是有关企业和产品的数据和意见；还有产品负责人（也就是负责谷歌搜索、广告等产品领域的高管）用来引导董事会会议的含有数据和图表的幻灯片。不难想象，其中许多信息都是不对外公开的。但是在董事会会议结束后，管理者却出乎意料地将提交给董事会的信息与所有的谷歌员工分享。在面向公司全体员工召开的会议上，埃里克会将管理人员给董事会播放的幻灯片原封不动地重现给全体员工，而致董事会信函则通过邮件发送给谷歌的每位员工。

出于法律原因，这封信中含有一些不能与所有人共享的数据。因此，管理者必须要把信发给企业的法律顾问以及传播部的几位工作人员，让他们通读全文，找出触碰法律地雷的内容并进行修改。每个季度，这些谷歌人都会手持红色的马克笔，标出需要改动的句子和段落。他们会说"这句话不能放在信里，万一被泄露出去就不妙了"，或"这条信息的确属实，我们也是这样向董事会汇报的，但还是不要让员工看到，以免挫伤大家的士气。"

幸运的是，信件审查工作的总负责人明白，"共享一切"并不意味着"先剔除那些有可能损害公司形象或打击士气的信息，然后把剩下的信息进行共享"，而是指"除了极少数有违法律法规的信息，其他一概与大家共享"。这两种理念之间存在着天壤之别！正因如此，企业管理者才要求每位想要剔除信息的人给出具体的原因，有理有据地说服管理者。谷歌于2004年上市以来，每一季度都会把致董事会信函与全体员工分享，迄今为止，还没有出现信息泄露问题。另外，也没有人因为缺少对公司总体情况的了解而提出过抱怨。就算有人抱怨，企业管理人员只要让当事人读一读致董事会信函、看一看埃里克的演讲就行了。另外，董事会信息的共享还有一个附带的好处，那就是对质量的良性刺激。员工会细心准备要提交董事会过目的资料，但如果员工得知这资料要在公司全员之中传阅，就会更加不遗余力了。

开放的心态不仅适用于董事会的沟通，管理者也在尝试共享一切。比如，谷歌的内部网Moma上几乎包含即将上市的新品的一切相关信息，而每周五的TGIF大会（全员参加的每周会议），也常会安排产品团队与组织成员分享其即将推出的有趣项目以及正在研发的产品演示及截图。对于大批密切关注谷歌新动向的博主而言，能够参加 TGIF 大会就好似喜获了旺卡巧克力工厂的金色入场券，因为对于绝大多数企业都会小心藏掖的机密，谷歌却让员工一览无余。然而，没有任何人将暗中从后排盗来的模糊不清的截图或镜头摇摇晃晃的产品演示视频泄露出去。谷歌管理人员放心将各种关乎企业命脉的信息与员工共享，而员工也不负管理者的信赖。

谷歌的 OKR（objectives and key results，目标与关键成果）考核制度也是信息透明的一个很好的例证。这个指标是由每个人的目标以及关键成果构成的。每个季度，每位员工都需要更新自己的 OKR，并在公司内发布，好让组织成员快速了解彼此的工作重点。如果你结识了一个谷歌人并想了解其具体工作，只需登录 Moma 内部网看看他的 OKR。这样，你不仅可以了解他的头衔和具体职务，更能通过其自我描述来审视其工作内容以及他关注什么。想弄清这个员工背后的驱动力是什么，这是最快的途径。

毋庸赘言，这个制度的施行需要从高层管理者做起。在谷歌，拉里（谷歌创始人）和在他之前担任首席执行官的埃里克一样，每个季度都会发布他自己的 OKR，并会召开全公司会议加以讨论。各产品和业务负责人都会上台逐一讨论自己的 OKR 及其对自己团队的意义，并依据自己上一季度的 OKR 指标为本季度的表现打分。这并不是在做表面文章，因为这些指标都是实实在在的，是各产品负责人在每个季度开始的时候经过缜密分析制定的。高管们会对自己的失误以及失误背后的原因坦率剖析，每个人上一季度的指标往往都会标满红黄两色标记。会议之后，当组织成员纷纷回去设定属于自己的 OKR 指标时，早已对公司这一季度的工作重点了然于胸。这样，即便企业正在飞速扩张，各个团队之间也能保持协作。

在信息透明的 OKR 系统中，即使最基层的员工也可以清晰地看到每个人的目标。从基层员工到首席执行官，全体成员都可以对目标进行公开批评和纠正。每一个员工都有权参与其中，即使是针对目标制定过程本身所存在的缺陷。这样的透明性能够在组织中播下合作的种子，促进员工之间的合作。假设一名员工正在努力达成季度目标，因为他公开记录了自己的进度，同事们都能够随时看到，也就可以知道他什么时候需要帮助。于是，其他人可以在这名员工需要帮助的时候介入，发表评论并提供支持，从而大大提高他的工作效率。与此同时，员工之间的工作关系也进一步加深，甚至还会发生微妙的积极转化（约翰·杜尔，2019）。

正因为目标与关键成果是高度透明的，所以只要各层级在关联过程中不故步自封，那么目标就是可以被共享的。作为谷歌员工行动的前负责人，拉兹洛·博克（Laszlo Bock）在其工作守则中这样写道：

目标可以提升绩效。我们会花很多时间把公司上下的目标进行关联，然而偶尔也有例外的时候……我们有一套基于市场的方法，由于顶层目标与关键成果是众所周知的，而且团队中每个人的目标与关键成果也是公开可见的，因此随着时间的推移，目标也会自然地趋于协同一致。这样，那些团队目标与整体目标并不协同的情况就会显得比较突兀了，而且对那些牵涉到每个人的重大举措也很容易进行直接管理。

谷歌公司"20%时间"的工作制度可能是层次和关联原则的典型例外。在谷歌公司，工程师们可以拿出 20% 的工作时间，相当于每周一个工作日的时间，自由从事正式工作以外的项目。正如我们所看到的那样，通过解放这些最敏锐的大脑，谷歌改变了世界。在 2001 年，年轻的保罗·布赫海特（Paul Buchheit）利用 20% 的时间开展了一个代号叫"驯鹿"（Caribou）的项目。这个项目现在被称为 Gmail——为用户提供世界领先的基于网络的电子邮件服务。在现实中，过度的目标协同也可能会在组织中产生强迫性，进而给组织成员带来精神上的伤害。为了避免这一现象的出现，健康的组织往往会鼓励某些目标自下而上地涌现（约翰·杜尔，2019）。

谷歌管理者强调营造一个让组织成员时时敢于提出难题和发表忠言的企业内部环境是十分重要的。比如在产品或重要功能问世时，管理者会要求团队组织"事后讨论会"，让全体成员聚在一起讨论哪些做对了，哪些做错了。之后，公布讨论结果，让每个组织成员知悉。实际上，这些事后讨论会最大的收获就是过程本身。不要错过鼓励公开、透明、诚恳沟通的机会。

TGIF 大会，即全员参加的每周会议也是一个很好的例子。这个会议由拉里和谢尔盖主持，且每次都设有一个毫不设限的问答环节。但随着公司的发展，这个环节越来越难以组织，因此高层管理人员设立了一个叫作"多莉"的机制。任何不能或者不愿意当面提问的成员都可以把问题发给"多莉"。问题发出后，其他人可以投票表决这个问题是好是坏。问题得到的好评越多，排名就越靠前，越是难以回答的问题，通常也会收到越多好评。在 TGIF 大会上，"多莉"问题列表会被公布在大屏幕上，因此拉里和谢尔盖在浏览这些问题时，不能只把那些想要回答的问题单独挑出来。无论问题尖锐与否，他们都得把列出的问题从头至尾逐一回答。有了"多莉"，任何人都可以把最尖锐的问题直接抛给首席执行官和他的团队，而众人把关的形式则可以最大限度地减少无聊问题。其实，组织成员对不满意的答复的评判方法非常简单：TGIF 大会的与会人每人都有一红一绿两块牌子，如果觉得问题回答得有所保留，只要挥舞红色的牌子就行了。

除此之外，一对一会谈也是谷歌的管理特色。要与员工进行有效沟通，谷歌组织一对一会谈，即管理者与员工定期进行的面谈。该方法是比尔·坎贝尔曾经向谷歌高层推荐过的一种比较独特的方法。管理者应当把最想在会谈中涉及的 5 件事写出来，员工也应该列一份这样的单子。把两张不同清单拿出来后，单子上十有八九会有几个条目是重复的。对于所有的一对一会谈而言，双方共同的目标都是为了解决问题，如果管理者和员工不能独立找出最需要两人共同解决的问题，那么摆在两人面前的问题就更不可忽视了。谷歌借由这种方法促进了管理者和员工之间的交流顺畅。

可见，谷歌跳出了传统的层级严明、流程重重的组织架构，关注成员和成员间的关系，而非层级。对于谷歌来说，混乱（或者说不确定性）是互联网时代中企业的常态。如果一家企业的运营顺利，人员与职位之间一个萝卜一个坑，这说明企业已经被形式和结构缚住了手脚。这不是好事情。埃里克在诺勒公司担任首席执行官的时候，公司的运营就像一架上了油的机器一样顺畅。唯一的问题在于：公司的新产品一栏总是空空如也。（赛车手马里奥·安德雷蒂说过："如果万事都看似尽在掌握，那只能说明你的速度不够快。"）

企业不应该被条条框框束缚，因此，混乱的状态是最合理的。当员工处于混乱之中的时候，要想把事情做成，唯一的途径就是靠建立关系。管理者和组织成员都应当不吝啬时间地去了解他人、关心他人，把他们的爱人和孩子的名字以及重要的家庭问题等细节都记下来。埃里克遵循"三周原则"，也就是说，在接手新职位的前三周里，员工不必做什么。只需听取大家的心声，看看他们的问题和关注点在哪里，了解他们、关心他们、赢得他们的信任。其实，你并非什么也没有做，因为你正在为良好的关系奠定基础。

此外，董事会的作用也是谷歌管控方面的另一个显著特征。在企业管理过程中，谷歌始终认为董事会的目的就是为了营造和谐透明的环境，并提出建议。会议中，在谈到成绩不足时，埃里克的谈话会涉及收益、竞争及产品等问题。埃里克说得诚实而恳切，方便了董事会成员积极参与谈话。在会议结束时，如果董事会能够支持高层管理者提出的战略措施自然是最理想的。要达到这个目的，管理者就必须在沟通上做到百分之百的坦诚。另外，就算管理者已决定不接受他人的意见，也还是要听取他们的看法，因为其他组织成员对问题的认识或许并没有管理者全面，提出建议通常是出于好心。换句话说，高层管理者应当让其他组织成员多质疑、少插手。

董事会成员应该讨论战略和产品，而不是管理方式和诉讼纠纷。在为董事会制定规则和议事日程时请切记这一点，即便困难也要坚持。埃里克曾经是西贝尔系统公司董事会的成员，这家于 2005 年被甲骨文公司收购的软件公司，在刚刚进入 21 世纪时曾受到美国证券交易委员会的一系列违规指控。由此，法律问题变成了董事会会议的主题，董事会考虑律师和债务问题的时间比考虑业务的时间多出许多。而与此同时，西贝尔的业务逐渐萎靡。

当核心业务衰退而必须进行艰难但必要的讨论时，无论是琐碎的日常工作还是重大的董事会议题，都成了转移注意力的好借口。董事会本应在战略上发挥重要作用，但如果任由会议被管理事宜牵着鼻子走，那么就无法促成有趣的交谈和得出宝贵的洞见。当然，董事会必须对法律及战略方面的重大问题有所了解，但这些信息都可以先由低一级的委员会经手，然后用15分钟的时间在董事会会议上加以概述。埃里克在加入谷歌时致力于让董事会聚焦于业务规模和业务战略。埃里克在苹果董事会任职期间，他们的董事会会议在这方面也做得很到位，会议中不乏有关产品、领导方式以及企业战略的精彩对话。同时在不开董事会会议的时候，要定期打电话与董事们联络。[①]

随着公司规模的扩大，谷歌公司定期发布OKR的指导方针和应用模板。以下摘录为谷歌的内部OKR实践方法（约翰·杜尔，2019），简述如何设计有效的OKR：

在谷歌公司，我们习惯于从战略角度进行思考。通过使用"目标"和"关键结果"工具来帮助我们进行沟通、量化，并实现那些宏大的目标。

我们的行动决定了谷歌公司的未来。正如我们多次看到的那样，谷歌搜索、Chrome浏览器和安卓系统，这些仅由公司百分之几的员工所组成的产品团队，只要能够树立共同的目标并采取一致行动，就可以在不到两年的时间内颠覆整个成熟的产业。因此，作为谷歌公司的员工和管理者，我们应该如何分配自己的时间和精力呢？作为个人和团队成员，我们又应该如何分配自己的时间和精力呢？在这些问题上，我们需要作出有意识、谨慎且明智的选择，这才是至关重要的。在OKR管理方法中，处处都体现了这种谨慎的选择。同时，这种方法也是我们协调个人行动以实现战略目标的有效手段。

① 埃里克·施密特，乔纳森·罗森伯格，艾伦·伊格尔著，靳婷婷译：《重新定义公司》，2016年7月，第165-192页。

我们使用 OKR 管理方法来制订员工的生产计划，并跟踪他们的进度和计划实施情况。同时，我们也利用 OKR 对员工和团队间的重要事件及业务的优先处理顺序进行协调。此外，我们还使用 OKR 帮助人们专注于最重要的目标，避免其被紧急的次要目标分心。

OKR 的设计应该是有效的。设定无法完成或是无法控制的 OKR，都是在浪费时间，那只是一种管理上的形式主义。有效的 OKR 是一种具有激励性质的管理工具，它可以帮助团队识别什么是重要的、什么是最优的，以及在他们的日常工作中需要作出哪些权衡。

但设计有效的 OKR 并非易事，应该注意一下几个基本规则。

首先，目标是"什么"。目标必须是有形的、客观的、明确的。对一位理性的观察者而言，目标是否已实现应当是显而易见的。目标的成功实现，必须能够为谷歌公司带来明确的价值。其次，关键的结果意味着"怎么做"。设置可衡量的里程碑事件，如果得以实现，将以一种高效的方式推进目标。一定要描述结果，而不是行为活动。如果 OKR 中包含有诸如"咨询""帮助""分析"或"参与"等词汇，这类描述其实就是指行为活动。相反，应当是描述这些活动对终端用户所产生的影响。例如，"在 3 月 7 日之前发布分布式文件系统 Colossus 的 6 个储存单元的平均延迟和尾延迟测量值"而不是"评估 Colossus 系统的延迟情况"。另外，必须包含完整的证据。这些证据必须是可用的、可信的和易察觉的。例如，证据应当包括：变更列表、文档链接、注释和发布的测量报告。

为了减轻人类内在寻求等级划分的倾向，谷歌公司尝试除去显示权力和地位的象征符号。比如，出于实际考虑，在谷歌只有四个明确的级别划分：普通员工（独立贡献者）、经理、主管（即多位经理的经理）

和高管。此外，谷歌经分析发现，团队快乐度和经理绩效考评越高，则其团队以下几个方面的认可度明显越高。具体而言：①职业决策更加公正；②个人的职业目标能够达成，团队的经理是非常有帮助的支持者和引导者；③团队工作高效，决策迅速，资源分配合理，能够从多种视角考虑问题；④团队成员之间没有等级制度，互相尊重，决策依据数据作出而不是靠耍手段，团队内部每个人的工作和信念都保持透明；⑤团队成员能够适当地参与到决策制定过程中，并且得到一定的授权去完成工作；⑥团队成员可以自由地平衡工作和私人生活（拉斯洛·博克，2015）。

现在越来越多的企业尝试走更科学的道路，以找到优化员工结构的方案，但是可能没有任何一家企业像谷歌一样如此积极地寻找解决方案。谷歌通过内部的一些实验来证明何种方式可以最有效地创造高产的工作氛围。谷歌会为员工提供尽可能多的参与决策的机会，并赋予他们最大的自行规划工作的自由。谷歌在管理过程中，允许员工毛遂自荐担任某个更高的职位。公司将安排专门的委员会对员工进行了解，而不是交由员工的顶头上司决定。正如谷歌人力运营部副总裁拉斯洛·博克所说："唯一永不失效的方法是给员工自由，或具体而言，允许团队自行安排自己的工作，自主确定自己的目标和应完成的业绩。"2010 年被谷歌聘请为创新项目负责人的普弗尔德也曾指出，在积极乐观的环境中组织成员会做更多尝试，因而也会诞生更多新想法。因此，谷歌尽量避免上级发布单方面的指标，阻碍员工自我激励。

大部门公司由于其等级森严、决策混乱、官僚主义气息过重和命令链过长而限制了员工的行为。然而，谷歌则更关注组织的透明度。透明度恰恰是谷歌内部"极速背叛"创新方案不可或缺的因素。"极速背叛"是指迅速合并团队、交换想法，在没有长时间的筹备、没有官僚主义或小争执的情况下实现的跨部门合作。为此，组织成员必须迅速、坦诚地交换信息。

谷歌重视人才与团队的聘任和管理。谷歌认为要了解一名求职者真正的工作方式，最好的办法是测试加试用。在聘任试用时，求职者必须首先按照所申请岗位的切实要求完成一项工作。此外，求职者还须完成一项普通的认知能力测试。当面对高层求职者时，谷歌十分注重一点；面试时不仅求职者的潜在上级在场，还得有一两个未来可能被其领导的员工在场。这种方法能立即测试出求职者有多重视和谐的团队和谷歌并不森严的上下级关系。

谷歌在激励员工的学习与成长方面也体现了其沟通特征。比如说，谷歌不是简单地告诉员工"所有人都应该不断进取，不断掌握自己专业以外的新技能"，而是开始了一项名为"谷歌人对谷歌人"（Googler-to-Googler）的项目。具体而言，员工在工作日给同事上课，内容不限，从跆拳道到冥想再到雄辩术都可以。目前为止已有数千名员工扮演着类似成人高校教师的角色，所有的课程都很叫座（托马斯·舒尔茨，2016）。

由此可见，通过谷歌案例，我们可以发现董事会会议的开放模式、管理者与员工间共享一切的价值理念、每周全体会议的不设限问答环节、管理者面对难题时诚实以对的态度等都体现了谷歌公司交互式、开放的、沟通的控制系统模式。这种交互式的管理理念强调企业内外部信息的相互分享，为企业提供了公开、透明、自由沟通的的机会，从而提高了企业的组织能力。换言之，严格的层级系统往往会对一线员工的投入和努力视而不见。在一个自上而下的生态系统中，员工在分享与目标相关的问题或有希望的想法时会犹豫不决。即使是中等规模的企业，也可能存在 6～7 个汇报层级。当基层员工等待上级下达指令时，层层会议就像丛生的杂草，每个目标周期都可能达到几周甚至几个月的时间。紧密关联的组织往往拒绝快速而频繁的目标制定，实施过程太过烦琐会导致季度目标与关键成果变得不切实际（约翰·杜尔，2019）。

　　所以，管理者需要与员工建立有效的人际关系，使全体成员有明确且一致的目标，并构建一个灵活、敏捷、无阶级的工作环境。这种自下而上的交互管理控制模式旨在对管理者与员工间真实的、高质量的对话和交流起到促进作用。通过交互控制，将组织成员的工作与团队工作、部门项目及整体的组织使命联系起来，实现员工高度协同和业绩最佳。

五、MCI 通信公司

　　1989 年，MCI 通信公司已经成为美国长途通信市场上第二大企业。MCI 通信公司主要向国内外用户提供传输语音和数据的服务。1980—1989 年，MCI 通信公司的营业额从 2.34 亿美元迅速增长到 65 亿美元，利润则从 0.19 亿美元增长到超过 6 亿美元，增长了 30 多倍。本部分将主要涉及 MCI 公司在 20 世纪 90 年代的发展计划和组织内部管理控制模式。

　　MCI 公司在 1987 年早期的运营危机如下：

　　从 1968 年公司成立以来，MCI 经历了几个不同的发展阶段，每一个阶段都会侧重于不同方面，因而公司的核心管理层形成了近乎单一的管理模式。早期公司经营的目标基本上都是非常具体而且相对短期的，例如说服政府部门得到经营权，以打破美国电话电报公司（AT&T）的垄断地位；提高风险融资规模来建设网络；对美国电话电报公司提起诉讼；说服联邦通信委员会同意其提供新的服务；在传统的长途通信市场增加市场份额来提高网络利用率。在整个 20 世纪 60 年代和 70 年代，由于公司的未来很难确定，这迫使 MCI 公司的管理层要采取相对短期的、机会主义的方法来进行经营管理。

在 20 世纪 80 年代早期，虽然 MCI 公司财务状况良好，但是公司依然没有进行一般意义上的战略计划活动。MCI 公司首次关注战略是在 1981 年，当时公司聘请了布赖恩·汤普森（Brian Thompson）作为公司发展部的高级副总裁，他的第一个任务就是推动公司的计划制订以适合未来的发展。

当布赖恩·汤普森雇用第一个为公司制订战略计划的经理时，他对这个新经理说："如果你把战略计划做成书面形式，你将会被解雇。"因为在当时，书面的详细战略计划被认为是不符合 MCI 公司的文化和管理风格的。MCI 公司的高层管理者不喜欢正式的制度体系，不喜欢把事情写下来，他们以日常活动为基础制定和执行战略，这种战略和经营预算是十分概括和简单的。因为公司所处的行业变化非常快，无论是在监管规则的发展上，还是在技术的进步上，所以详细的年度计划和跨年度的战略计划都被认为是毫无用处的。管理者相信，MCI 一个主要的竞争优势就是它能在迅速变化的环境中及时决策，从而能比竞争对手更快地采取行动，因此这些计划活动实际上会对公司的优势造成不利影响。

时任总裁比尔·麦高恩（Bill McGowan）和首席运营官奥维尔·赖特（Orville Wright）经常讨论 MCI 的未来发展，他们亲自确定公司的战略发展方向，并且当市场中有新的发展机会时，及时进行修正。比尔·麦高恩具有领导气质，他对未来抱有一种固执的乐观主义态度，他决定公司的发展方向；奥维尔·赖特则将比尔·麦高恩的想法具体化，将其转化为一系列的行动方针并传达给公司的其他人。这两个人完成了绝大部分经营决策的制定和改进工作，并亲自管理控制决策的执行情况。

MCI 公司的非正式的，有时甚至是杂乱无章的管理风格和它的领导者的机会主义战略在整个 70 年代和 80 年代上半期都发挥了很好的作用。频繁的管理层会议为公司职能部门和生产线上的高层经理们提供了必要的交流和协调的机会。

在 1984 年，为了使 MCI 公司更接近客户，并且控制其区域间相互连接的成本，高层管理者决定按照新独立的区域性贝尔运营公司的管辖范围，将 MCI 公司划分成 7 个业务单元。为了做到彻底分散化，高层管理者几乎把所有的职能都从总部下放到各业务单元，赋予这 7 个新的业务单元的经理绝对的控制权。比尔·麦高恩任命他的核心管理层的成员作为这些新的业务单元的领导者，而不论他们的背景或者管理经验。这就使这些新成立的相对独立的 MCI 的业务单元能够掌握在那些最合适并且最能理解比尔想法的人手里，但是分散化也使得公司总部缺少高层管理者。

在 1984 年末和 1985 年，分散化这种松散的组织架构逐步呈现出其劣势。地域上的距离使得原来频繁的管理会议无法继续召开，MCI 公司的决策者之间的非正式交流也减少了，而且各业务单元的经理被授予了太多的自主权，使得各业务单元之间出现了重复建设以及服务上的不协调。除此之外，还有两个因素扩大了控制和交流上的问题：第一，奥维尔·赖特在 1985 年底退休了，但他保留了董事会副主席的职位；第二，MCI 公司规模扩大。到 1985 年底，MCI 的员工人数超过了 1.2 万人，而在 3 年前只有 6300 人。

在 1986 年秋，一系列的问题突然降临到 MCI 公司。1986 年第三季度，营业额首次出现下滑，而利润下降到几乎为零。到第四季度末，MCI 公司裁减了 15% 的员工，资产的账面价值也大幅下降，导致第四季度每股损失 0.09 美元。同时，股价从每股 13.3 美元暴跌到每股 6 美元，公司为了应对危机还向银行借了 10 亿美元的长期借款。更糟糕的是，比尔·麦高恩在 1986 年 12 月突然心脏病发作，于 1987 年 4 月进行心脏移植手术，直到 9 月份他都无法来公司上班。因此，MCI 公司的整个战略发展方向、管理制度体系以及财务上的可行性都受到了质疑。由于比尔·麦高恩无法工作，半退休的奥维尔·赖特又回来掌管公司。到 1986 年 12 月，无论是公司的高层管理者还是普通员工都明显意识到 MCI 公司目前的战略并没有发挥很好的作用。

MCI 公司在 1987 年开始进行正式的战略制定。高层管理者都认为在 MCI 公司转变对战略制定的态度过程中，奥维尔·赖特发挥了关键性作用。奥维尔是这样回忆他在 1987 年所采取的措施：

1987 年初，当我重新回来作为 CEO 开始全天的工作时，我感觉到公司的管理层不再对公司的未来发展方向有统一的看法了。完全的分散化经营困扰着经理们，比尔的心脏病使他们感到无所适从。员工们也很怀疑高层管理者是否清楚公司未来的发展方向。事实上，在 1986 年对员工的调查也表明员工们对战略制定的过程和我们缺乏明确的发展方向感到不安。因此，我决定我们必须重新审视公司的愿景和发展方向，我们必须有一份书面的战略计划。这一措施对公司来说是一个比较大的转变，而且困难重重。

我们做了一份非常详细的自上而下的行业分析，并且提出了一些很难回答的问题：我们现在的业务是否正确，我们应该卖掉它还是扩展它，我们在行业中的竞争地位是否合适等。从 1987 年的 1 月到 5 月，我用了大约 40 ~ 50 个小时和管理委员会以及企业发展部的经理讨论问题。在我们的会议期间，企业发展部的员工做了大量的调查研究、预测和其他的分析工作。到 5 月份，经过多次激烈的争论之后，管理委员会制定了书面的 1988—1992 年的战略计划。当我们把计划告诉公司的其他员工时，我们 5 个人所表现出的团结一致在后来被证明是无价的。

在 6 月和 7 月，我们召集公司高层的 23 个人，包括管理委员会、各业务单元经理和所有的高级副总裁开了整整 3 天的会议。管理委员会向 7 个业务单元的经理和所有高级副经理描述了我们的战略计划草案，并且进行了充分的讨论。各种想法和意见都提出来，引发了激烈的争论，每个人都对问题进行了深度思考。

这是第一次把生产线的高级经理们引入战略计划的制订过程。我主持这个会议并组织了讨论，我鼓励经理们表达他们自己的想法和观点。我告诉他们："要说就现在说出来，否则就永远保持沉默。"

我们最终在 23 个人的小组中达成了一致的看法，每个人都将为了公司朝着一个方向努力。有一点值得说明的是，我们实际上并没有对最初的战略计划进行重大修改。管理委员会的 5 个人，尤其是伯特，强烈地维护 1988 年的战略计划，并为此和其他人进行激烈的辩论，我们完全有足够的学识和能力来支持我们的观点。

我认为假如比尔·麦高恩在场的话这个会议也许不会有现在这样的效果，因为大家已经习惯了比尔决定公司的发展方向而不征求他人的意见，比尔过去也总是这样做的。首次会议的积极效果帮助我使比尔认识到正式的参与式管理的价值，这一点是我们以前从未发现的。

战略计划最终定稿后，首席运营官伯特·罗伯茨（Bert Roberts）

156

开始积极推进这个计划，他在公司内外开展广泛的宣传交流活动。他录制了一盘名为"战略方向"的录像带。这盘录像带在公司内广为流传，并且附有给员工的信，伯特·罗伯茨还给员工们做演讲。这个积极的交流宣传活动的目的就是：①使员工明确高层管理者制订了一个战略计划；②使普通员工按照战略计划努力工作；③使公司战略和员工个人的绩效目标联系起来。

以上描述的 1987 年的战略制定过程被认为是 MCI 公司年度战略计划制订的开端。

从 1988 年至 1989 年是企业战略计划制订过程的改进阶段。1989 年 2 月，奥维尔和执行副总裁布赖恩·汤普森首先列出他们认为比较重要的战略问题，然后他们要求生产线上的经理组成任务小组来对每个问题写出研究报告，这些任务小组由各业务单元的经理直接领导。1989 年 6 月，管理委员会也让由生产线上的经理组成的任务小组参与会议，阐述其研究结果，并展开了充分的讨论。参加 6 月会议的人员包括管理委员会、7 个业务单元经理和所有分部的高级副经理，但是人数增长到近 30 人。

一些高层管理者对于奥维尔这种管理控制模式和 MCI 公司的战略制定过程提出了自己的看法。

丹·埃克森，执行副总裁兼财务总监：

我同意伯特关于自上而下制定战略计划的观点。自下而上的方式听起来对于人际关系很有好处，但从实践上来说是不起作用的。在我们公司，战略计划的制订过程是非常有效的，需要研究的战略上的重大问题先由管理委员会和企业发展部提出，然后关键的生产线和职能部门的经理们在战略会议上对这些问题进行广泛的讨论并提出修改的意见。

战略会议是至关重要的，因为：第一，它可以征求其他人的建议；第二，它能够对高级管理者进行参与式管理，而最终对战略计划的草案作出的修改是非常有限的。

虽然这是一个自上而下的过程，但是我们认为这个战略计划一旦通过，就必须让我们的员工和股东对它有一定的了解。事实上，在1987年的年度财务报表中，我们就陈述了公司的目标，这样做也许过于公开，因为它会使我们把很多信息暴露给竞争对手，但是这样也表现出我们的坦率和诚意。我们的员工尤其欣赏这种坦诚，我认为，这能够使员工和领导者紧密联系在一起，为了共同的事业而努力。

迪克·利布哈贝尔，执行副总裁：

战略计划不应该是一种结果，而是某个我们想要的过程。完全的一致不是必需的，6月会议的目的就是让我们每个人都知道要努力做什么。如果我的某个下属对这个战略计划有异议，这很好，我会倾听他的想法，但是如果我没有被他说服，他也许会有麻烦了。我认为我们的管理者必须决定怎样才能实现我们的目标，公司的成功仍将得益于环境的变化多端和对风险的承受能力。我们是在秋季制订年度业务计划的，总有很多需要优先考虑的问题在战略计划制订后才发生，因此我们的计划必须非常概括和灵活，以适应业务计划的改变。

杰夫，企业发展部经理：

正如奥维尔曾说的那样，让生产线高层经理参加制定战略的会议并且聆听他们的意见是相当重要的。也正是借助于这种会议，生产线经理们感到自己在战略制定过程中发挥了重要作用，这种感觉使他们积极投入到工作当中去。这就是较正式的战略制定过程的价值，它的意义并不在于最终达成的文件，而在于促进了大家的交流，我们就是一个非常注重交流的公司。

MCI 的决策过程是自上而下和分权的结合。也就是说，战略计划是自上而下制订的，但是我们要认识到它并不能解决所有管理中面临的问题，也不能指导日常经营决策。冲突是在所难免的，发生冲突时，比如资源上的，就迫使管理者在两难的情况下进行选择。因此，这个战略计划并不是告诉经理们该做什么，它表达的是一种积极向上的决心和雄心勃勃的精神。

罗恩·斯皮尔斯，中西部地区分部经理，反映了总部以外的员工的看法：

分部的经理们对日常业务活动有很大的自主决策权，然而在 1986 年以前，几乎所有的战略决策都是由奥维尔和比尔制定的，而且通常是凭着比尔的直觉。当时那样做是对的，因为我们还是个非常小的公司，我们的目标很简单，那就是我们要发展壮大，越快越好，越大越好。

1987 年，在比尔治疗心脏病期间，奥维尔召开了第一次战略会议。在这次会议上，我们不只制订了年度战略计划，还考虑了经营业务是否正确等问题。我们 23 个人代替了比尔来解决实际的重大问题。

奥维尔在那次会议上提出了很多问题和设想，而不是答案。我们第一次有机会参与决策。我想，当比尔首次听说这个战略会议时，他可能会认为那是在浪费时间。即使是 1988 年的第二次战略会议，比尔也同样不认为那个过程有多大的价值。

我认为去年夏天最近的那次战略会议是有史以来最好的一次。由于在 3 月份进行了会前的准备，整个过程有了明显的改善。我们组成了问题导向的任务小组，然后和企业发展部合作为 6 月份正式的会议做了充分准备。由于有了任务小组，我们这些公司分部的人更多地参与进来，从而在会议上提出了更有价值的问题进行讨论。但是，假如比尔和伯特并不同意你的观点，你依然无能为力。

由于与会者个个都是能人，所以战略计划制订的过程是比较艰难的。这意味着你必须准备好倾听不同人的不同的见解。当然我们并不需要做到完全的统一，但是在重大问题上我们会经过有益的争论而达成一致。

我认为战略会议是一种很有用的方式，特别是引入任务小组之后。假如我们在 35 人的会议之前或者之后再开一次只有管理委员会和分部经理参加的会议，战略制定的过程会有进一步改善，因为加上所有的高级副总裁和职能人员之后，参与讨论的人就显得过多了。他们中的一些人只对自己职责之内的事情有深入了解，而对 75% 左右的其他问题都无法提出自己的意见。6 月会议的与会人数可能达到 40 人。在有这么多人参加的会议上，由于保密的需要，就不可能讨论一些敏感性的话题，比如具体的兼并收购计划。我们需要的是能对战略问题进行深入探讨的会议。

10 年前比尔竭力主张的现在都已经被证明是正确的，比如信息技术的作用，经济全球化等。他以前说的暗示性的话，我们现在也能完全理解。我们建立了由高级经理组成的核心组织，他们完全明确 MCI 的发展方向。现在我们面临的最大问题是怎样才能实现我们的目标，也许我们并不具备比尔的直觉和洞察力，但是我们可以听取他人的意见。总的战略方向是由 3 个人或者 4 个人制定的，但是我们 15 个或 20 个人共同参与了具体战略计划的制订过程。过去我们常说人力资源是 MCI 的重要财富，现在我们真正相信这句话了。①

通过 MCI 通信公司 1987 年至 1989 年期间的发展计划和运营，我们可以看到自上而下的战略制定和参与式管理的价值。单独依赖自上而下制订的战略计划并不能解决所有管理中面临的问题，也不能指引企业的日常管理决策。

从案例中我们发现，频繁的管理层会议为职能部门和生产线的高层管理者创造了必要的对话和交流机会。通过这种会议的召开，促使经理勇于提出自己对计划的看法和意见，使得他们有更大的组织参与感和主人翁责任感，指出了更有价值的问题，改善了组织成员之间的沟通，创造了更开放的良好的职业环境，也使得企业战略和员工个人的绩效目标紧密地联系了起来。这样的参与式管理恰恰是交互管理控制理念的一种体现。当下企业战略不确定性深化，借由应用交互控制系统，能够加深员工间的争论和对话，促进他们学习业务战略，实现高级管理者愿景。因此，企业不仅仅需要自上而下的战略制定，更需要在战略制定过程中提升高管团队以外的员工参与度和讨论度。

---

① 罗伯特·西蒙斯著，刘俊勇译：《业绩评价与控制系统》，2016 年 8 月，第 273 – 281 页。

第四章

经营战略对财务绩效的影响

本章在文献梳理和国内外管理控制系统案例研究的基础上，首先对经营战略、交互控制系统、组织能力和财务绩效间的关系进行机理分析，提出本书的研究假设。然后进行实证研究设计。研究设计是对研究过程的整体性安排，也是一项实证研究的起点。为了验证研究假设，研究设计包含构建研究模型、主要变量测量、样本对象的选择、问卷设计及发放和回收，以及数据的初步统计。通过科学规范的研究过程，试图为研究假设和理论模型的成立寻找有力的证据。最后本章解释说明结构方程模型所分析的研究结果。

第一节　经营战略对交互控制系统的机理分析

根据迈尔斯和斯诺（1978）的研究经营战略主要分为前瞻型战略和防守型战略。前瞻型战略是指企业为应对动态的经营环境，不断地开发新产品和新市场，关注市场营销部门和研发部门，以提高企业的市场竞争能力。防守型战略是指企业的经营环境比较稳定，但是在创新上不够活跃，取得成功的关键是提高生产效率和降低产品成本，其目标就是获取稳定的顾客群和市场份额。由此可见，前瞻型战略企业更重视效果而非效率，然而，防守型战略企业则更重视企业生产的效率而非效果。

罗伯特·西蒙斯（Robert Simons）将管理控制系统的模式大体分为诊断控制系统和交互控制系统。基于西蒙斯的概念界定，诊断控制系统是指管理者用来监视组织成果和纠正业绩指标偏离的一种正式的信息系统。交互控制系统是一种管理者用于参与下属的决策活动的正式信息系统。因此，交互控制系统的机制可看作是高层与基层间经常性的相互沟通以及将信息流从基层反馈到高层所表现出的一种团队学习与对话结果。

管理控制必须立足于经营战略。胡玉明（2010）认为如何将管理控制系统与经营战略联系起来是企业管理实践的基本问题。如果抛开战略，则企业经营业绩的好坏将难以判断。诸波和干胜道（2015）强调建立一个与企业战略相匹配的绩效评价指标体系对于实现企业经营战略具有十分重要的作用。阿伯内西和格思里（Abernethy and Guthrie，1994）指出前瞻型战略企业相对防守型战略企业而言，更依赖于非财务业绩信息、未来预测信息和外部信息等大范围的管理会计信息。从已有研究文献来看，前瞻型战略对交互控制系统有显著的正向影响，防守型战略对交互控制系统有显著的负向影响（申圣皓等，2013）。但也存在不一致的研究结果，例如潘泰玄和宋宸瑾（2012）提出差异化战略显著正向影响交互控制系统。然而，成本领先战略与交互控制系统之间虽然存在正相关关系，但在统计学上并不显著。

由此可见，面对不同的战略，管理者使用管理控制系统的方式也不一样。前瞻型战略企业对绩效管理系统、预算系统交互式地使用程度较高，然而防守型战略企业对绩效管理系统、预算系统交互式地使用程度较低。管理者把交互控制系统当作一种催化剂，促使组织对不断变化的环境进行监控，并激发对某些数据、假设和行动计划展开讨论，从而改善与员工之间的沟通、探索企业的新创意，进而促进组织学习和创新。交互控制系统和前瞻型战略企业的组织信念、执行计划等相一致，两者之间存在较高的相关性，而防守型战略企业面临较为稳定的经营环境，更加重视企业生产的效率而非产品的创新、突破和新市场，所以交互绩效管理系统和交互预算系统的使用程度会减少。据此，本书提出研究假设1：

假设 $H1$：经营战略对交互控制系统有显著的影响。

假设 $H1-1$：前瞻型战略对交互绩效评价系统有正向影响。

假设 $H1-2$：防守型战略对交互绩效评价系统有负向影响。

假设 $H1-3$：前瞻型战略对交互预算系统有正向影响。

假设 $H1-4$：防守型战略对交互预算系统有负向影响。

第二节 交互控制系统对组织能力的机理分析

组织能力是一个组织所发挥的整体战斗力，组织能力是企业竞争中的重要影响要素（杨国安，2015）。国内学者们对组织能力的内涵有着不同角度的看法和观点。我国对这一方面研究主要侧重在人力资源领域和行政管理领域。

国内外学者基于资源基础观，提出了不同角度的组织能力。大多数学者侧重对市场导向性（market orientation）、创新性（innovativeness）

和组织学习（organizational learning）等组织能力或者组织竞争力进行研究。本书在亨利（2006）的基础上，聚焦最近备受关注的组织敏捷性和企业家精神，将其作为主要研究变量。虽然现有文献对组织能力积累了一些定性研究基础，但是针对企业家精神和组织敏捷性的定量研究，以及管理控制系统与企业家精神或者组织敏捷性之间关联性的定量研究鲜有学者进行更深一步的研究。

企业家精神是指持续探索找寻新的市场机会，重视创新观念，并为获得更高的企业绩效甘愿承担风险的管理层的价值取向（赫尔特和凯琴，2001）。著名的管理学大师德鲁克（Drucker，1985）认为，企业家精神就是一种利用手中的资源来创造新财富的创新行为。夏尔马和克里斯曼（Sharma and Chrisman，2001）认为企业家精神是对组织进行变革和重组的革新意识。企业家精神对企业家个人和整个企业都具有重要的作用，它不仅是企业家创业和创新的精神支撑，也是一个企业可持续发展的动力源泉（辛杰等，2017）。从西方文献来看，企业家精神的影响因素可以划分为三个主要方面：①员工间积极地参与和沟通；②收集和分析外部环境信息的能力；③分散化的决策权。亨利（2006）和申圣皓等（Shin Sung－ho 等，2016）提出交互控制系统是激发企业家精神非常重要的前因变量。综上所述，企业对交互控制系统的使用程度越高，就越能够改善组织之间的对话和沟通，激发员工创新创意，越使得企业家精神得到充分发挥。

基于西方研究文献，组织敏捷性是指迅速地对市场和客户需求变化作出因应的一种能力。Sharifi and Zhang（1999）认为组织敏捷性是"不确定性的环境下应对变化的能力并扭转为机会的能力"。萨尔（2011）将组织敏捷性定义为"迅速感知外部环境变化，并及时地灵活地调整产品、作出因应，以及快速执行经营计划的能力"。萨尔（2011）认为要想提高组织敏捷性，高层管理者应该激发组织内部所有可能的因素。也就是说，①向员工明确表明公司的价值观；②重视从企业目标向员工个人目标转换的流程、系统；③第一时间收集的外部经营变化信息及员工间对信息的共享；④员工间自由的氛围。以上这些影响因素都可以通过交互控制系统得以解决和实现。简言之，交互控制系统追踪不确定性因素，从而使管理人员时刻保持清醒，为高层提供他们最为关注的信息，激发员工创造价值。由此可见，交互控制系统与组织敏捷性之间很可能存在较强的相关性。

当前巨变的经营环境彰显了组织敏捷性的重要性。组织敏捷性是能将商业经营环境革命式地（颠覆式地）转变成充满竞争与奋斗的一种至关重要的能力。组织敏捷性是能够在商业环境中发现变化（changes），并通过提供适当的回应（反应）来作出因应的一种能力。为了实现企业的竞争优势（competitive advantage），采用具有敏捷的战略意图和充分地发挥组织敏捷性的能力是至关重要的。每个企业都应该了解其所处的环境，其所面临的威胁，以及给他们带来繁荣和成功的机会（Sharifi and Zhang，1999）。赵贤妍等（Cho Hyun - Yun 等，2012）认为交互控制系统对组织敏捷性的构成因素，也就是资源分配敏捷性和运营敏捷性具有显著的正面影响。长坂驿和金达坤（Nagasaka and Kim Dalgon，2013）从日本和韩国两国的制造型企业收集问卷数据，实证结果发现交互控制系统是组织敏捷性的主要影响因素。同时聚类分析结果表明企业绩效的程度越高的集团，交互控制系统的使用程度和组织敏捷性的增进程度越高，反之，则越低。总而言之，交互控制系统促使企业自下而上的沟通，进而提升企业感知市场、客户和科技变化的信息并立即作出决策反应的能力，也就是组织敏捷性。因此，本书认为企业交互控制系统的使用程度越高，就能够快速预测和适应外部环境的变化，组织敏捷性就会有明显的提升。据此，本书提出研究假设2：

假设 *H*2：交互控制系统对组织能力有显著的影响。

假设 *H*2 – 1：交互绩效评价系统对企业家精神有正向影响。

假设 *H*2 – 2：交互预算系统对企业家精神有正向影响。

假设 *H*2 – 3：交互绩效评价系统对组织敏捷性有正向影响。

假设 *H*2 – 4：交互预算系统对组织敏捷性有正向影响。

第三节　组织能力对财务绩效的机理分析

一、企业家精神与财务绩效的关系

企业铸就企业家精神，借此达到推动企业成长的目的。企业家精神表明组织区别于其他组织所具有的共同特征，是组织所具有的独特的特色、价值取向以及思维模式的抽象表达。企业家精神是企业家特殊技能（包括精神和技巧）的集合。或者说，企业家精神指企业家组织建立和经营管理企业的综合才能的表述方式，它是一种重要而特殊的无形生产要素（张勇，2016）。企业家精神的作用在于启发和指导企业自觉地创建具有企业家精神特征的企业文化和制度，进而使之成为指导企业可持续发展的精神力量（丁栋虹，2015）。

企业家精神与财务绩效的关系研究，存在着不一致的实证结果。扎赫拉（Zahra，1991）、扎赫拉和科万（Zahra and Covin，1995）和姜秉晤等（Kang Byung – oh 等，2010）学者主张企业家精神和收益性财务绩效、增长性财务绩效之间存在显著的正相关。此外，拥有企业家精神的组织，有着较高的市场占有率和利润率，能促进组织绩效的增长（科万和斯莱文，1991）。企业家精神与组织绩效的收益性、成长性以及风险相关性之间存在正相关性（扎赫拉等，1999）。然而，已有研究中也存在相反的实证分析结果，诸如企业家精神与财务绩效之间的相关性较弱（赛克斯，1986；布洛克，1989）。或者尽管企业家精神与财务绩效之间存在正相关性，但是在统计学上不显著的研究结论（亨利，2006；表春美和申圣皓，2015）。

在国内，尽管组织能力在我国的研究取得了一定进展，基于资源基础理论，从企业管理人员的角度，无法对公司提供指导性的政策建议。在管理会计领域，引入组织能力这一概念极少；特别是目前经营环境的动态、复杂和不确定性，更加彰显了公司必须提升企业家精神和组织敏捷等组织能力的重要性，需要结合管理控制系统的匹配度进一步开展研究。

我国对企业家精神和企业绩效的关系研究结果出现不一致及混沌的现状。将相关文献梳理可见表4.1。

程虹等（2016）认为企业家精神的不足是组织绩效增速下滑的重要原因。同时他们也指出，随着我国市场化改革进程的不断推进，市场在资源配置中的基础性作用不断提升，由制度垄断所带来的"租金"收益不断减少，使得"制度企业家"的能力短板就开始突显，导致企业家整体的创新精神出现了短板。

表 4.1 企业家精神与企业绩效的关系研究

相关性存在与否	研究结果	主要学者
存在	企业家精神的不足是企业绩效增速下滑的重要原因	程虹等（2016）
	企业家精神对企业绩效有直接的正向影响	蒋春燕和赵曙明（2006）
	企业家精神对企业绩效有显著的正面影响	郭惠玲（2014）
不存在	企业家精神对企业绩效不存在直接的影响	毛良虎等（2016）马卫东等（2012）

蒋春燕和赵曙明（2006）强调企业家精神是新兴企业取得竞争优势的关键因素。根据 Hendenson and Clark（1990）的划分框架，蒋春燕和赵曙明（2006）将企业家精神划分为渐进式企业家精神和激进式企业家精神。渐进式企业家精神聚焦的是指加强和升级现有产品和市场的战略导向，而激进式企业家精神是指开拓全新的产品和市场的战略导向。他们认为激进式企业家精神致力于开拓全新的产品和市场，与新产品绩效正相关，而渐进式企业家精神专注于现有产品和市场的充分利用，与企业整体绩效正相关。基于 676 份有效问卷数据，通过实证检验，发现企业家精神对组织绩效有直接的正向影响，且企业家精神通过组织学习进而影响组织绩效。

郭惠玲（2014）采用福建省泉州地区 225 份有效问卷数据，探究企业家精神、营销能力和企业绩效之间的关系。通过实证分析，结果显示企业家精神对组织绩效具有显著的正面影响，且营销能力对组织绩效具有显著的正面影响。与此同时，从企业家精神的三个维度，即创新性、冒险性和竞争主动性等方面，探究其对组织绩效的影响作用机制。实证结果发现，创新性和竞争主动性对组织绩效有显著的正向影响，然而，冒险性对组织绩效有显著的负向影响。这样的结果表明，企业家精神总体上对组织绩效有正向影响，但是如果这种企业家精神体现在冒险精神方面时，其影响作用则会下降，甚至有可能出现负向影响。

然而，毛良虎等（2016）和马卫东等（2012）发现企业家精神对组织绩效不存在直接的显著影响。具体而言，毛良虎等（2016）将长三角地区236家企业作为研究样本，探讨企业家精神对组织绩效的影响，同时验证组织学习、组织创新是否对企业家精神与组织绩效间的关系具有影响。邀请中高层管理人员填写问卷问项，通过实证检验，他们发现企业家精神对组织绩效不存在显著正向影响，而是通过组织创新和组织学习两个中介变量间接影响组织绩效。

马卫东等（2012）使用281份问卷数据，实证研究企业家精神、开拓能力和组织绩效之间的关系。他们从创新精神、进取精神、承担风险性、机会敏捷性和宽容精神5个因素对企业家精神设计问卷测项。企业绩效采取销售收入增长率、税前利润增长率和市场占有率等3个财务及非财务绩效指标。通过实证检验发现企业家精神对组织绩效不存在显著的直接影响，且开拓能力在企业家精神对组织绩效的影响过程中起到了完全中介作用。因此，根据以上国内外文献的理论梳理，本书认为企业家精神与财务绩效存在正相关关系。企业家精神的增进程度越高，越有利于提高企业的组织绩效。据此，本书提出研究假设3：

假设 H3：企业家精神对财务绩效有显著的正向影响。

二、组织敏捷性与财务绩效的关系

敏捷性文献主要侧重于生产制造敏捷性或者供应链敏捷性，以及与财务绩效之间的关系研究等方面，然而，基于企业整体视角剖析的组织敏捷性对财务绩效的影响研究却较为稀缺和罕见。西方学界认为组织敏捷性能够帮助各种组织把握更大范围内的机会。它能够应对快速和不确定的外部商业环境变化，并让企业在不断变化和不可预测的机遇环境中茁壮成长（卢和拉马穆尔蒂，2011）。

Ravichandran（2018）认为组织敏捷性让企业能够适应环境带来的突发或者偶发事件，创新能力较高的企业能够更好地利用其平台来增强敏捷性，更进一步发现组织敏捷性和企业绩效呈现正相关。也就是说，组织敏捷性促使组织实现更多的潜在利益，如更高的利润、更高的客户满意度、更快的运作效率、更快的产品上市速度和更高的员工满意度等绩效（萨尔，2011；卡莱等，2019；Ashrafi 等，2019）。

在国内，李蕾和林家宝（2019）将组织敏捷性视为企业获得如资金周转率、资产回报率和销售利润等财务绩效的重要途径。他们以企业资源和农产品电子商务的经营状况都有全面了解的中高层管理者作为研究对象，采用问卷调查法收集数据，进行实证检验，数据分析结果显示组织敏捷性积极影响财务绩效。他们强调在企业中，随着组织敏捷性的提升，企业能够快速响应市场需求，提供以客户为导向的产品和服务，从而实现灵活、创新和质量等竞争原则，提高企业绩效。冯长利等（2013）的实证研究发现供应链敏捷性显著正面影响财务绩效和顾客满意、内部学习、学习与成长等非财务绩效。

周华和周水银（2014）指出敏捷性体现企业在不可预知变化的竞争环境中蓬勃发展和繁荣的能力，是一种基于产品和服务的客户价值所驱动的快速响应、快速变化的市场能力，是一种替代如今大规模定制的未来企业经营模式。他们基于全国 321 家企业为样本探究互动能力、组织能力、敏捷性与企业绩效之间的关联机理。实证分析发现敏捷性正向影响企业绩效，敏捷性成为企业共创价值的核心要素。

周宇等（2015）也指出，敏捷性对企业竞争优势的重要性。他们认为组织敏捷性高的企业能够更好地提升顾客关系和满意度，提高生产率和运营成本。他们从 2013 年 7 月至 9 月，通过现场发放调查问卷和邮寄方式采集数据，研究信息系统能力、组织敏捷性与企业绩效之间的关联性。基于结构方程模型分析进行实证检验，研究结果显示在显著水平为 1% 的情况下组织敏捷性显著正向影响企业绩效。由此可知，组织敏捷性成为企业共创价值的核心要素（周华和周水银，2014），能够促进企业抓住机会并应对挑战，进一步提升企业绩效。

由此可见，组织敏捷性能够让企业预见到竞争的机会与威胁。本书采用萨尔（2011）的组织敏捷性定义，将组织敏捷性视为"能比对手更迅速地发现和抓住机会的能力"。如果企业及时感知外部经营环境变化并灵活应对的能力越强，则可以进一步提高企业财务和非财务绩效。鉴于此，本书认为企业的组织敏捷性的程度越高，就能够更快速预测和适应外部环境的变化，财务绩效就会有明显的提升。据此，本书提出研究假设 4：

假设 H4：组织敏捷性对财务绩效有显著的正向影响。

第四节　交互控制系统和组织
能力的中介效应分析

一、交互控制系统的中介效应分析

西蒙斯（Simons，1995）认为不同的战略选择会影响交互控制系统的使用程度与频率。在设计与运用交互控制系统时，企业应该具备借由现有信息提升预测未来的能力与力量。根据资源基础理论，企业间成果的差异主要取决于企业特有的组织能力。这种组织能力是有价值的、稀缺的、竞争对手难以模仿和不可替代的，是价值创造的根本原因（王斌和顾惠忠，2014；巴尼，1991）。

诸波和干胜道（2015）强调面临激烈竞争环境的组织通常选择前瞻型战略，为了应对动态的经营环境，组织需要不断地开发新产品和新市场。对于采取前瞻型战略的企业来说，其绩效评价的信息含量将大打折扣，不能有效地激励管理者按照前瞻型战略的要求专注于研发和市场营销等，这就需要运用更多的非财务指标。而具有众多非财务指标评价正是交互控制系统的一个显著特征。戈文达拉扬和古普塔（Govindara-jan and Gupta，1985）也通过实证数据证实了此观点。所以企业的经营战略要与经营环境相适应，而业绩评价指标的选择是经营战略的函数（陈佳俊，2003）。

金顺基等（Kim Soon - kee，2014）学者基于问卷数据旨在探究前瞻型战略、绩效评价系统应用（PMS 应用）与组织能力之间的关联机理。通过实证检验，他们发现交互绩效评价系统在前瞻型战略与组织能力（包含企业家精神、市场导向性、组织学习）之间起到中介作用。韩国学者金达坤（Dalgon，2010）探究经营环境、竞争战略、绩效评价系统与组织能力之间的关系，且研究经营战略对交互绩效评价系统的特征差异是否会有影响。与此同时也探究组织能力在绩效评价系统与企业绩效（flexibility performance）之间是否存在中介效应。经营环境细分为环境不确定性（uncertainty）和风险（risk）；竞争战略划分为成本领先战略和差异化战略；绩效评价系统划分为诊断和交互式；组织能力聚焦在组织学习。通过实证检验，研究结果发现交互绩效评价系统在差异化战略与组织能力之间存在中介效应。由此可见，企业在构筑与差异化战略相匹配的交互式绩效评价系统时，将会进一步促进组织学习能力和弹性业绩。

但是以往文献忽视交互预算系统的应用效果和有效性研究，对于交互预算系统的中介效应研究甚是罕见。Bisbe and Otley（2004）探究革新战略（product innovation）和组织绩效之间交互控制系统（interactive use of management control systems）是否起到中介或调节作用。他们将交互控制系统划分为预算系统（budget system）、平衡计分卡（balanced scorecard，BSC）和项目管理系统（project management system）等三方面。通过实验验证，研究结果显示交互控制系统在革新战略和组织绩效之间存在调节作用（moderating effect）；而交互控制系统的中介作用未被发现。

阿伯内西和布劳内尔（Abernethy and Brownell，1999）对于战略变化与组织绩效之间交互预算系统是否起到调节作用进行研究。他们发现在高战略变化下，交互预算系统的使用程度越高，组织绩效的提升程度则越高。这表明战略的动态性越大，交互预算系统对组织绩效的影响效果越大。

总而言之，现有研究表明组织应基于经营战略来相宜地构筑交互控制系统。交互控制系统被认为是实现战略至关重要的一种手段。管理者和员工通过分析和共享交互控制系统提供的实时信息，企业能够更加快速地、熟练地监测市场环境变化，促进探索新业务和新市场的能力，从而最终实现组织能力，也就是企业家精神和组织敏捷性的提升。本书认为经营战略对交互控制系统有正向影响，且交互控制系统对组织能力有正向影响。所以交互控制系统在经营战略与组织能力间将会起到中介作用。据此，本书提出研究假设5：

假设 $H5$：交互控制系统在经营战略与组织能力之间存在中介效应。

二、组织能力的中介效应分析

关于交互控制系统、组织能力和财务绩效间的关系研究，韩国学者郑纯汝（Jung Soon - yeo 等，2009）探究交互控制系统对企业绩效的影响过程中组织能力是否起到中介角色。组织能力采取市场导向性、企业家精神、组织学习和组织创新。他们从 S 大学和 J 大学的 EMBA 学员实施问卷调查收集数据。最终使用 66 份问卷数据进行结构方程模型分析，研究发现交互控制系统对企业家精神的附属概念积极性和革新性具有显著的正向影响，且交互控制系统和财务绩效间革新性起到中介作用；交互控制系统和非财务绩效间企业家精神的附属概念积极性、冒风险性和革新性都存在中介效应。

　　辛杰等（2017）探究企业家文化价值观对企业家精神和财务价值的影响机制。企业家文化价值观划分为五个维度，即长期导向（long - term orientation）、权利距离（power distance）、不确定性规避（uncertainty avoidance）、集体主义（collectivism）和面子关系（face relationship）。企业家精神从创新、主动竞争的姿态和冒风险三个维度进行评价和测量。财务价值指标采用总资产收益率、总销售收益率、年均销售增长率、投资回报率、利润率，以及市场占有率。以副总经理人群以上的企业家作为研究对象，通过对 431 份有效数据进行实证分析，结果显示企业家精神在企业家文化价值观与财务价值之间存在中介作用。

　　此外亨利（2006）通过实证分析，探究资源基础视角的组织能力是否在管理控制系统和企业绩效间起到中介作用。采集加拿大制造型企业的问卷数据，基于 383 个企业资料，实证分析结果显示交互式的绩效评价系统对组织能力（即企业家精神、市场导向性、组织创新和组织学习）具有显著的正向影响，但是，由于组织能力和财务绩效间统计学上不存在显著的关联性，所以交互绩效评价系统和财务绩效间组织能力的中介效应未被发现。

　　Ashrafi 等（2019）、奥弗比等（Overby 等，2006）学者认为组织敏捷性是企业成功与创造卓越组织绩效的关键所在。然而，以往文献对于控制系统、敏捷性和企业绩效三者间的关系研究较为匮乏，且欠缺对敏捷性理论与实践的联系研究。代表性研究人物赵贤妍等（Cho Hyun - Yun 等，2012）基于韩国制造业问卷数据，验证组织敏捷性在交互绩效评价系统和企业绩效间是否起到中介作用。他们将组织敏捷性划分为运营敏捷性、资源分配敏捷性和战略敏捷性。研究结果发现交互绩效评价系统和企业绩效间资源分配敏捷性存在中介效应。

卡莱等（Kale 等，2019）和塞加拉－纳瓦罗等（Cegarra－Navarro 等，2016）认为组织敏捷性在知识能力和组织绩效之间起到中介作用。李蕾和林家宝（2019）以农产品电子商务企业的管理者为研究对象，利用 280 份有效问卷数据，针对农产品电子商务能力、组织敏捷性和财务绩效之间的作用关系进行实证研究。组织敏捷性参照卢和拉马穆尔蒂（Lu and Ramamurthy，2011）从市场响应敏捷性和运作调整敏捷性两个维度进行测量。研究结果发现组织敏捷性在农产品电子商务能力和财务绩效之间发挥中介作用。

马丁内斯·桑切斯和佩雷斯·佩雷斯（Martínez Sánchez and Pérez Pérez，2005）探究汽车供应商行业的供应敏捷性与企业绩效间的关系。他们指出从短期看，敏捷性影响公司的竞争态势（competitive posture），并可能会影响其整体盈利能力（profitability）。供应链敏捷性允许在不同的工厂和供应商间切换生产（switching production），以便管理层能够因应内部和外部的变化。高沛然和李明（2017）从 2013 年北美信息周刊 500 强、2012 年欧洲前 100 强和亚洲前 500 强组织中随机选取样本，采用有效问卷 112 份进行实证检验。研究发现各部门间的交互实时信息有利于提高运营方面的敏捷性，即正向影响运营敏捷性。换言之，交互控制系统通过成员间充分的有效性沟通和信息共享，使得企业成员产生共同价值观，降低信息不对称产生的协调成本，以提高响应市场需求变化能力，增强组织敏捷性。马文甲和张琳琳（2018）在此基础上，进一步采用探索性单案例研究方法，从 YL 公司档案资料、观察资料和访谈得到的多方面数据，指出组织敏捷性作为一种更快速研发、生产以及销售的企业核心能力，促进扩大市场份额与获取竞争优势。

正如前文假设推导过程中的陈述，交互控制系统关注成员间的讨论对话和知识共享，改善流程速度，寻找并抓住新机遇，以及识别战略转换。交互控制系统被用作为发展组织能力的催化剂（catalyst）。由于具有此特征，交互控制系统促进组织成员间的积极参与和开放氛围，进而提高企业家精神和组织敏捷性。组织能力作为提高竞争优势和财务绩效至关重要的影响要因，企业的组织敏捷性和企业家精神能力将会进一步影响财务绩效。换言之，交互控制系统的使用程度愈高，组织敏捷性和企业家精神的增进程度越高，最终财务绩效的提高程度越高。本书认为交互控制系统对组织能力有正向影响，并且组织能力对财务绩效有正向影响。所以组织能力在交互控制系统与财务绩效之间将会起到中介作用。据此，本书提出研究假设6：

假设 H6：组织能力在交互控制系统与财务绩效之间存在中介效应。

第五节　经营战略对财务绩效影响的实证研究设计

一、多个线性回归方程组成的理论模型

本书所提出的理论模型是由多个线性回归方程组成的，传统的路径分析只适用检验具体变量之间的关系，而结构方程模型（structural equation modeling，SEM）可同时检验多个不可直接观测的潜变量之间的关系，同时会估计出因子结构和因子之间的关系并能够提供模型整体的诊断信息。因此，针对本书提出的假设，结构方程是最有效的检验方法之一。

本书探讨经营战略与财务绩效之间交互控制系统和组织能力是否起

到中介作用。企业为了提升竞争优势和绩效应该采用与经营战略适合的交互控制系统。经营战略采取迈尔斯和斯诺（Miles and Snow，1978）所指出的位于连续集两端的前瞻型战略和防守型战略。由于前瞻型战略强调创新，注重对企业研发的投入，重视组织创造力和群体决策力的培养。所以采取前瞻型战略的企业更倾向于使用交互控制系统。然而防御型战略重视现有产品和市场份额的维持，强调组织内现有能力的发挥，通过提高运营效率和规模经济构筑防御壁垒以阻止竞争者进入。所以采取防御型战略的企业对交互控制系统的使用频率较低才能够有利于其提高绩效。

交互控制系统重视机遇探索和对话沟通，促进组织成员的学习能力，进而增强对新技术的洞察力和创造力。本书推断具备这样特征的交互控制系统是亨利（2006）、萨尔（2011）等学者强调的组织能力的重要影响因素。也就是说，企业通过活用交互控制系统能够促进企业创新能力和风险承受能力，创造企业价值，进而改善企业家精神能力。与此同时，本书推断交互控制系统能够激发员工去寻找动荡，更加快速地发现和抓住新机会，进而增强组织敏捷性，最终影响到企业财务绩效的改善与提高。

以往研究主要探讨绩效评价系统的有效性研究，欠缺对预算系统的综合性理论模型探究。针对现有研究的不足，本书将从交互绩效评价系统和交互预算系统两方面探讨交互控制系统。学术界强调了对竞争优势起到决定性的影响要素，也就是企业家精神和组织敏捷性。然而，实证研究中尚未形成一致性的研究结果，特别是对组织整体视角的敏捷性研究尚且不足。因此，为弥补已有研究的缺陷，本书将聚焦于企业家精神和组织敏捷性两种组织能力。

本书推断交互控制系统和组织能力在经营战略与财务绩效之间存

在中介效应。换言之，交互控制系统在经营战略与组织能力之间存在中介效应。与此同时，组织能力在交互控制系统与财务绩效之间存在中介效应。理论研究模型中，被解释变量为财务绩效，解释变量为经营战略（包括前瞻型战略和防守型战略）、交互控制系统（包括交互PMS 和交互预算系统）以及组织能力（包括企业家精神和组织敏捷性）。基于前面所陈述的现有研究文献作支撑，本书对经营战略、交互控制系统、组织能力和财务绩效之间关系进行基本假设，构建如图4.1 所示的研究模型。

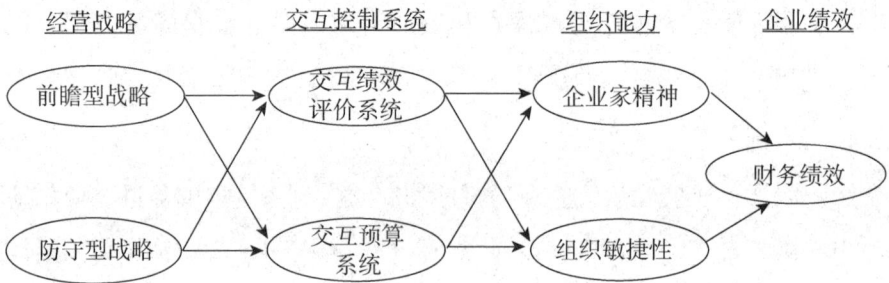

图 4.1　研究模型

二、经营战略、交互控制系统、组织能力、财务绩效的界定及测度方法

为了确保测量工具的信度及效度，采用经典文献中已经使用过的英文量表。在问卷调查过程中，除组织和填答者的基本信息外，在管理者中进行初始问卷的小规模前测，进而根据测试结果将表达不准确和不易懂的题项重新修正，形成最终问卷。以下主要变量所有题项均采用李克特（Likert）七级量表（1 = 非常不同意，4 = 一般，7 = 非常同意）。

1. 经营战略的界定及测度方法

史密斯（Smith 等，1989）以往研究认为前瞻型和防守型战略能够适用于不同产业类型，所以本书选择迈尔斯和斯诺（Miles and Snow，1978）战略分类作为对企业经营战略的衡量。前瞻型战略是指持续地跟踪外部经营环境的变化，注重寻找新的市场机会，相对于成本效率更加关注市场营销和研究开发的战略。防守型战略是指企业具备较稳定的产品及服务领域，重视生产效率，通过节约成本、提升产品及服务质量而采取的战略。参考安德鲁斯等（Andrews 等，2009）的研究，本书从"比其他公司在寻找新的流通渠道上奉献心力；公司战略重视发现新市场机会；具备发挥创意和激发创新的良好条件"3 个方面设计题项对前瞻型战略情况进行测量。从"供应商供应产品的效率性重视与否；是否关注现有的创新活动（反向题项）；比起产品研发更重视现有产品的稳定供给"3 个方面设计题项对防守型战略情况进行测量（见表4.2）。题项得分越高表示企业采用前瞻型战略或防守型战略程度越高。

表 4.2　经营战略的测量

变量名称	量表题项	文献来源
前瞻型战略	1. 比其他公司在寻找新的流通渠道上奉献心力	安德鲁斯等（2009）
	2. 公司战略重视发现新市场机会	
	3. 具备发挥创意和激发创新的良好条件	
防守型战略	1. 供应商供应产品的效率性重视与否	
	2. 是否关注现有的创新活动	
	3. 比起产品研发更重视现有产品的稳定供给	

2. 交互控制系统的界定及测度方法

由于绩效评价系统（PMS）和预算系统（budget system）作为管理控制系统的两个重要组成部分，所以本书交互控制系统从交互绩效评价系统和交互预算系统两方面探究。本书中，交互绩效评价系统是指员工对企业捕捉新机会等活动的认知程度，管理层与员工间对于经营规划和企业目标的沟通程度，以及企业内部为了实现目标所做的努力程度（西蒙斯，1995）。交互预算系统是指在满足诸多企业活动制约的条件下，规划切实可行的活动，并且解决企业内部利益相关者间冲突的一种正式的管理系统。

参考亨利（2006）和怀德纳（Widener，2007），本书交互绩效评价系统的变量测度从"会议中高层管理者、各部门负责人以及下属员工之间进行沟通时；针对行动方案、预测事项和根本性的经营问题进行讨论及商议时；在目标设定、统一企业内部的经营使命和经营理念时；为了把组织的注意力集中到主要的成功因素；在创造企业内部的共同语言时"以上5个方面设计题项（见表4.3），测量管理者对绩效评价系统（或关键业绩指标KPI）的使用程度。题项得分越高表示企业交互绩效评价系统的使用程度越高。

表4.3　交互控制系统的测量

变量名称	量表题项	文献来源
交互绩效评价系统	1. 会议中高层管理者和各部门的负责人及下属员工之间进行沟通时，管理者会采用绩效评价系统（或绩效评价指标）	亨利（2006），怀德纳（2007）
	2. 针对行动方案、预测事项以及根本性的经营问题进行讨论及商议时，管理者会采用绩效评价系统（或绩效评价指标）	
	3. 在目标设定、统一企业内部的经营使命和经营理念时，管理者会采用绩效评价系统（或绩效评价指标）	
	4. 为了把组织的注意力集中到成功的重要因素，管理者会采用绩效评价系统（或绩效评价指标）	
	5. 在创造企业内部的共同语言时，管理者会采用绩效评价系统（或绩效评价指标）	

变量名称	量表题项	文献来源
交互预算系统	1. 管理者把预算信息作为核查、讨论部门经理持续的决策与行动的手段	Bisbe and Otley (2004)
	2. 因预算的程序（编制、实施）是日常的，得到现职管理人员的持续关心	
	3. 管理者在与同事和各部门领导沟通时使用预算信息	

参考 Bisbe and Otley（2004）的研究，本书交互预算系统的变量测度从"管理者把预算信息作为核查、讨论部门经理持续的决策与行动的手段；因预算的程序（编制、实施）是日常的，得到现职管理人员的持续关心；管理者在与同事和各部门领导沟通时使用预算信息"以上3个方面设计题项（见表4.3），测量管理者对预算的使用程度。题项得分越高表示企业交互预算系统的使用程度越高。

3. 组织能力的界定及测度方法

本书参阅丁栋虹（2015）对企业家精神从三个维度，即创新性、风险偏好和积极性进行考究。（1）创新性。企业家导向的价值观会支持企业实施新的管理办法，在现有业务基础上，产品新的业务，以及对现有的已经陷于停滞的或有转变需求的业务进行更新。企业家精神能够推动企业的主动性学习，促使企业对动态变化过程给予更大的关注。（2）风险偏好。企业家精神是一种积极的战略引导，在产品创新过程中能使企业产生探索性、风险偏好的行为和积极进行高风险的产品创新。所以，企业家精神促进推动企业的突变创新和长期竞争优势的建立，能引导市场而不是被客户所引导。（3）先于竞争对手积极行动的能力。至少在短期，具有企业家精神的企业通过创新可在竞争中胜出。在企业家导向引导下的企业行为的基本表现就是不但能先于竞争对手推出新产品，并能识别客户的潜在需求和及时推出新产品。

据此，企业家精神参考亨利（2006）设计问卷题项，从"为了达成战略目标，在我们公司全公司范围或大范围的活动是必需的；我们公司有强烈推进高风险项目的价值取向；我们公司针对产品作出全新的改变；我们公司具备新产品生产线；我们公司在引进新产品、新技术上是行业领军者；我们公司对竞争对手表现出争胜的姿态"6个方面进行测量（见表4.4）。题项得分越高表示企业家精神的增进程度越高。

表4.4　企业家精神的测量

变量名称	量表题项	文献来源
企业家精神	1. 为了达成战略目标，在我们公司全公司范围或大范围的活动是必需的	亨利（2006）
	2. 我们公司有强烈推进高风险项目的价值取向	
	3. 我们公司针对产品作出全新的改变	
	4. 我们公司具备新产品生产线	
	5. 我们公司在引进新产品、新技术上是行业领军者	
	6. 我们公司对竞争对手表现出争胜的姿态	

组织敏捷性是指企业迅速感知外部环境变化，并及时灵活地调整产品、作出因应，以及快速执行经营计划的能力。参考萨尔（2011）的研究，从"我们的系统可以提供详尽、可靠的实时市场数据；我们总是先于竞争对手发现和利用市场的变化；我们各阶层各部门的人员对局势都有共同的理解；我们每个人都明白发展目标是什么，每个人都有责任达成目标；我们没有被大量的关键绩效指标和发展目标压倒；我们的公司能够吸引、留住、奖励积极进取的管理人员；即使在经济繁荣时期，我们也保持着创业时的紧迫感；管理人员敢于坦承错误，退出不成

功的业务时不会犹豫；高管层能系统地重新配置各部门的资金和顶尖管理人才；当机会出现时，高管层有勇气抓住这些重要机会"等以上 10 个方面设计题项（见表4.5），对组织敏捷性进行测量。题项得分越高表示组织敏捷性的增进程度越高。

表4.5　组织敏捷性的测量

变量名称	量表题项	文献来源
组织敏捷性	1. 公司系统可以提供详尽、可靠的实时市场数据	萨尔（2011）
	2. 总是先于竞争对手发现和利用市场的变化	
	3. 各阶层各部门的人员对局势都有共同的理解	
	4. 每个人都明白发展目标是什么，每个人都有责任达成目标	
	5. 没有被大量的关键绩效指标和发展目标压倒	
	6. 公司能够吸引、留住、奖励积极进取的管理人员	
	7. 即使在经济繁荣时期，我们也保持着创业时的紧迫感	
	8. 管理人员敢于坦承错误，退出不成功的业务时不会犹豫	
	9. 高管层能系统地重新配置各部门的资金和顶尖管理人才	
	10. 当机会出现时，高管层有勇气抓住这些重要机会	

4. 财务绩效的界定及测度方法

组织绩效从财务绩效方面使用主观绩效指标测量。财务绩效是指本企业与竞争企业对比在该行业中的相对绩效。财务报表中的财务指标尽管客观，但是由于会计处理方法差异或者企业规模差异会引起可比性的问题（鲍威尔，1992），怀德纳（Widener，2007）研究表明客观绩效指标和主观绩效指标间具有很强的相关关系。因此，本书使用主观测量指标，让每个企业的中高层管理人员评估本企业在该行业中的相对财务绩效。参考戈文达拉扬和古普塔（Govindarajan and Gupta，1985）研究，从"相比竞争企业的销售额增长率；相比竞争企业的营业利润率；相比竞争企业的本期净利润；相比竞争企业的资产收益率"等4个方面设计题项（见表4.6），对财务绩效进行测量。题项得分越高表示该企业对比竞争对手具有更高的财务绩效。

表4.6　财务绩效的测量

变量名称	量表题项	文献来源
财务绩效	1. 相比竞争企业的销售额增长率	戈文达拉扬和古普塔（1985）
	2. 相比竞争企业的营业利润率	
	3. 相比竞争企业的本期净利润	
	4. 相比竞争企业的资产收益率（ROA）	

三、以制造企业为例进行比对分析

1. 研究对象的选定

本书将制造业企业作为研究对象借由问卷调查法采集数据以实现研究目的。本书选用2017年韩国信用评价（株）上市企业中 Kis – Value 上行业分类为制造业的企业作为研究样本。选定样本需要满足以下四点条件。第一，选定企业样本时选择制造行业企业，剔除金融业和建筑业等行业。第二，选用制造业企业中销售额基准前400位的企业。第三，样本企业中组长以上级别的管理者为研究对象。第四，问卷调查采用每一家企业发放一份问卷的方式收集数据。

2. 调查问卷的设计

根据已有研究和理论框架，本书采用问卷调查法进行实证检验各种假设。问卷题项采用现有量表，而且对题项的设计和语言的描述作出适当的修改，从而最终确定调研问卷的内容。沿用现有量表可以保证较高的信效度和认可度，在一定程度上可以提高研究结果的可靠性。本书使用的调研问卷大体由 4 个部分组成，问卷题项共计 34 个。本书采取的量表是李克特 7 级量表。另外，为了确定填答者和被调查企业的特征分布和基本情况，本书的调研问卷还包括 2 个开放性题项（见表4.7）。

表 4.7　问卷的设计

研究变量		问项数	文献来源
Ⅰ. 经营战略	前瞻型战略	3	安德鲁斯等（2009）
	防守型战略	3	
Ⅱ. 交互控制系统	交互绩效评价系统	5	亨利（2006），怀德纳（2007）Bisbe and Otley（2004）
	交互预算系统	3	
Ⅲ. 组织能力	企业家精神	6	亨利（2006），萨尔（2011）
	组织敏捷性	10	
Ⅳ. 财务绩效	财务绩效	4	戈文达拉扬和古普塔（1985）
Ⅴ. 开放性题项		2	
总问项数量		36	

3. 问卷发放及回收

本书采取问卷调查的方式搜集数据，以韩国上市制造型企业为研究对象。问卷发放对象是企业中高层管理者，他们对管理工具采用、实施情况和财务绩效有比较全面的了解，能够确保填答的准确性。问卷以匿名调查的方式进行设计，并在问卷中明确告知填答者，其所提供的数据仅供学术研究之用，并严格保密，以打消填答者的顾虑。笔者及研究团队以邮寄的方式发放问卷 400 份，回收 98 份，问卷回收率为 24.5%。

剔除有题项漏答和欠缺一致性的问卷，最终本书获取 87 份有效问卷。

4. 填答者及样本特征

(1) 填答者的特征

从填答者的工作部门来看（见表4.8），会计/财务部门共计 32 人，占比 36.78%；总务人事部门共计 17 人，占比 19.55%；企划部门共计 14 人，占比 16.09%；销售/营业部门共计 13 人，占比 14.94%；其他共计 11 人，占比 12.64%。从填答者的职位来看（见表4.9），部门经理占所有受访者比例数量最多，占比 40.23%，副总经理占比 28.74%，总经理或董事长占比 16.09%，组长占比 14.94%，超过 85% 的被调查者都是企业的部门经理及其以上级别管理者，这说明被调查者能够胜任本次问卷调查，在一定程度上能够确保填答内容的可靠性。

表 4.8　填答者的工作部门

所属部门	样本数量	比率（%）	累积占比（%）
会计/财务	32	36.78	36.78
总务人事	17	19.55	56.33
企划	14	16.09	72.42
销售/营业	13	14.94	87.36
其他	11	12.64	100.00

表 4.9　填答者的职位

职位	样本数量	比率（%）	累积占比（%）
部门经理	35	40.23	40.23
副总经理	25	28.74	68.97
总经理/董事长	14	16.09	85.06
组长	13	14.94	100.00

（2）非回应偏差

为了检验问卷调查是否存在非回应偏差问题，本书按问卷录入顺序（即问卷回收时间顺序）将所有有效问卷分为两组，即根据问卷发放以后 10 天以内回收的问卷和未在 10 天以内回收的问卷。然后从前瞻型战略、防守型战略、交互绩效评价系统、交互预算系统、企业家精神、组织敏捷性、财务绩效七个方面对这两组样本进行独立样本 T 检验（见表 4.10），结果表明两组样本在以上方面不存在显著差异，说明非回应偏差问题并不严重。

表 4.10 回收时差间的差异分析

变量	回收时间	回收数量	均值	标准差	t 值	p 值
前瞻型战略	0（前期）	46	5.051	0.889	0.48	0.636
	1（后期）	41	4.959	0.901		
防守型战略	0（前期）	46	3.732	0.998	0.85	0.399
	1（后期）	41	3.545	1.053		
交互绩效评价系统	0（前期）	46	5.222	0.992	0.18	0.857
	1（后期）	41	5.185	0.888		
交互预算系统	0（前期）	46	5.116	0.826	0.55	0.582
	1（后期）	41	5.008	0.973		
企业家精神	0（前期）	46	4.571	0.969	1.70	0.093
	1（后期）	41	4.220	0.959		
组织敏捷性	0（前期）	46	4.989	0.889	0.94	0.351
	1（后期）	41	4.817	0.823		
财务绩效	0（前期）	46	4.500	1.326	-0.32	0.753
	1（后期）	41	4.585	1.196		

5. 数据处理方法与工具

本书的主要目的是考察经营战略对财务绩效的影响作用机制。为了验证组织能力，即企业家精神和组织敏捷性的中介作用的假设，本书对数据作出如下分析。

首先，描述性统计与相关分析。对数据的基本描述中，本书统计了各变量的百分比分析、平均数及标准差等来了解样本和各研究变量的基本特征，所用分析工具是 SAS 9.3。相关分析是利用相关系数描绘变量之间的关系，本书利用皮尔森（Pearson）相关系数对这一特征作出统计和分析。

其次，信度与效度分析。信度用来评价测量的稳定性，反映了测量工具的一致性和可靠性。本书将检验管理学中最为常用的内部一致性信度，采用克朗巴哈（Cronbach's alpha）系数进行评估。所用分析工具是 SAS 9.3。效度检验的是一个测量工具是否真正有效。本书采用的量表都是现有成熟量表，因此将利用验证性因子分析方法来重点分析研究变量的效度，包括聚合效度（convergent validity）、内在一致性（internal consistency）和区分效度（discriminant validity）。聚合效度和内在一致性的检验指标包括因子载荷值（factor loading）、平均提取方差值（average variance extracted，AVE）、组合信度（composite reliability，CR）和克朗巴哈（Cronbach's alpha）系数。区分效度的检验则考察平均提取方差值和潜变量的相关系数矩阵。所用分析工具是 Smart – PLS 2.0。

最后，拔靴法（Bootstrapping）分析。基于 Smart – PLS 建立结构方程模型，利用拔靴法对模型加以检验，以避免由于计算结果或推导很难得到精确的判断。拔靴法不需要依靠或增加新的样本数量，而只是依靠已有的或者给定的样本的信息进行反复抽样来进行检验。所用分析工具是 Smart – PLS 2.0。与采用 AMOS 和 LISREL 的方法相比较，本书采用 Smart – PLS 有如下三点原因。第一，偏最小二乘法（Partial Least

Squares，PLS）对样本大小和残差的正态分布限制不大。第二，偏最小二乘法对于分析复杂的结构方程模型十分有效，最近管理学学者对偏最小二乘法的使用频率越来越高（琴霍尔，2005）。第三，测度模型（measurement model）的检验和结构方程模型的检验可以同时进行，所以使用方便。

第六节 经营战略对财务绩效影响的实证分析与结果

一、经营战略对财务绩效影响的信度分析与描述性统计

1. 信度分析

首先，对量表进行信度和效度分析，以便评估测量工具的质量。其次，对所有研究变量进行描述性统计分析和相关分析，进一步为假设提供验证。最后，基于 Smart‑PLS 的拔靴法（Bootstrapping）方法实施结构方程模型分析对假设进行检验，从而得出研究结果。

管理学中的实证研究要确保测量工具的质量：所选择的量表确实测量了所测的研究变量；量表是稳定可靠的。这两方面构成了评价测量工具好坏的标准，即效度和信度的概念。效度和信度与测量误差有关，在一个测量模型中，随机误差会产生信度问题，而随机误差和系统误差都会对效度产生影响。信度（reliability）是指一个测量工具免于随机误差影响的程度，评估的是测量工具是否稳定和具有一致性。如果随机误差越大，则信度系数越小。

本书使用社会科学研究中最为常用的 Cronbach's alpha 系数来检验内在一致性。基于范德芬和费里（Van de Ven and Ferry, 1980），如果Cronbach's alpha 系数大于 0.6，说明信度尚可。

从表 4.11 中可以看出，采用量表测量的所有研究变量，即前瞻型战略、防守型战略、交互绩效评价系统、交互预算系统、企业家精神、组织敏捷性和财务绩效的 Cronbach's alpha 系数均高于 0.6 的标准。因此，量表具有较高的信度水平。

表 4.11　信度检验

研究变量	题项数量	Cronbach's alpha 值
前瞻型战略	3	0.688
防守型战略	3	0.634
交互绩效评价系统	5	0.933
交互预算系统	3	0.817
企业家精神	4	0.730
组织敏捷性	8	0.873
财务绩效	4	0.944

2. 描述性统计

描述性统计分析一般包括均值、方差、标准差和中位数等。本书主要计算了每个变量的均值和标准差，见表 4.12。

从表 4.12 中可以看出，前瞻型战略变量的均值为 5.008，高于防守型战略变量的均值 3.644。这说明样本企业大体上采取前瞻型战略方式以实现竞争优势。交互绩效评价系统变量的均值为 5.205，交互预算系统的变量的均值为 5.065。这说明样本企业对交互绩效评价系统与交互预算系统的使用程度较为相似。企业不仅单单采取交互绩效评价，与此同时也表明了交互预算系统在企业实践中的有用性。

本书对组织能力测量时，采取企业家精神和组织敏捷性两方面的能力。企业家精神变量的均值为4.405，组织敏捷性的均值为4.908。这表明在目前多变的商业环境下，企业大都意识到企业家精神的重要性，并且为增强企业家精神而进取奋斗。组织敏捷性变量的均值高于企业家精神变量的均值。可见，组织敏捷性同企业家精神相比，更加受到中高层管理者的重视与关注。

表4.12　变量的描述性统计

研究变量	样本	均值	标准差
前瞻型战略	87	5.008	0.891
防守型战略	87	3.644	1.023
交互绩效评价系统	87	5.205	0.939
交互预算系统	87	5.065	0.895
企业家精神	87	4.405	0.974
组织敏捷性	87	4.908	0.858
财务绩效	87	4.540	1.260

二、经营战略对财务绩效影响的模型检验与研究结果

1. 相关分析

在进行假设检验前，有必要对数据进行相关分析。相关分析描述的是变量间的相关性，用相关系数来表示。相关系数的绝对值越接近于1，说明相关性越大。

　　从表 4.13 中可以看出，前瞻型战略与交互绩效评价系统的相关系数为 0.487，在显著水平为 1% 的情况下显著相关。前瞻型战略与交互预算系统的相关系数为 0.564，在显著水平为 1% 的情况下显著相关，因此企业采取前瞻型战略的程度越高，则交互绩效评价系统和交互预算系统等交互控制系统的应用程度越高。

　　防守型战略与交互绩效评价系统的相关系数为 -0.307，在显著水平为 1% 的情况下显著相关。并且防守型战略与交互预算系统的相关系数为 -0.398，在显著水平为 1% 的情况下显著相关。因此企业采取防守型战略的程度越高，则交互绩效评价系统和交互预算系统等交互控制系统的使用程度越低。

　　与此同时，从交互绩效评价系统与组织能力间的关系可以看出，交互绩效评价系统与企业家精神的相关系数为 0.261，在显著水平为 5% 的情况下显著相关。从交互绩效评价系统与组织敏捷性的相关系数为 0.479，在显著水平为 1% 的情况下显著相关。交互预算系统与组织能力间的关系可以看出，交互预算系统与企业家精神的相关系数为 0.224，在显著水平为 5% 的情况下显著相关。交互预算系统与组织敏捷性的相关系数为 0.534，在显著水平为 1% 的情况下显著相关。因此企业对交互绩效评价系统和交互预算系统等交互控制系统的使用程度越高，则企业家精神和组织敏捷性的增进程度越高。

　　此外，从组织能力与财务绩效间的关系可以看出，企业家精神与财务绩效的相关系数为 0.335，在显著水平为 1% 的情况下显著相关。这表明如果企业家精神的能力越强，则财务绩效的改善越好。组织敏捷性与财务绩效的相关系数为 0.501，在显著水平为 1% 的情况下显著相关。这表明如果组织敏捷性的能力越强，则财务绩效的提升就越快。这些相关关系与本书的理论预期相一致。据此，本书推断企业交互控制系统的使用程度越高，进而增强企业家精神和组织敏捷性等组织能力，最终更加能够改善企业的财务绩效。

表 4.13 变量间的相关分析

	1	2	3	4	5	6
1. 前瞻型战略	1					
2. 防守型战略	-0.360 ***	1				
3. 交互绩效评价系统	0.487 ***	-0.307 ***	1			
4. 交互预算系统	0.564 ***	-0.398 ***	0.463 ***	1		
5. 企业家精神	0.503 ***	-0.063	0.261 **	0.224 **	1	
6. 组织敏捷性	0.673 ***	-0.229 **	0.479 ***	0.534 ***	0.636 ***	1
7. 财务绩效	0.418 ***	-0.186 *	0.287 ***	0.384 ***	0.335 ***	0.501 ***

注：*** $P < 0.01$，** $P < 0.05$，* $P < 0.1$（两侧检验）。
注：相关分析采取皮尔森相关系数。

2. 效度分析

本书建立结构方程模型检验研究假设，所采用的工具是 PLS。PLS 是最小二乘法的一种拓展，它利用对系统中的数据进行分解和筛选，提取对因变量解释性最强的综合变量，剔除多重相关信息和无解释意义的信息。PLS 结构方程模型与其他方法相比具备诸多优点，例如利用 LIS-REL、AMOS 较为普遍的传统验证方法进行结构方程模型分析存在样本和残差的正态分布限制过高、复杂模型分析不易等缺陷；并且利用 PLS 可以明确求出潜变量的估计值，能同时执行测度模型的检验和结构方程模型的检验（Chin，1998）。

由于测量题项在其度量的潜变量上因子载荷值低于 0.5 阈值，据此剔除企业家精神第 1 号测量题项（"为了达成战略目标，在我们公司全公司范围或大范围的活动是必需的"）和第 5 号测量题项（"我们公司在引进新产品、新技术上是行业领军者"）。组织敏捷性剔除第 5 号题项（"公司没有被大量的关键绩效指标和发展目标压倒"）和第 6 号题项（"公司能够吸引、留住、奖励积极进取的管理人员"）。在此之后使用 PLS 第二次实施验证性因子分析。

采取 PLS 实施结构方程模型分析过程中，前瞻型战略变量采取 3 个问项作为其未观测变量，防守型战略变量采取 3 个问项作为其未观测变量。交互控制系统划分为交互绩效评价系统和交互预算系统。交互绩效评价系统变量采取 5 个问项作为其未观测变量；而交互预算系统变量采取 3 个问项作为其未观测变量。组织能力包括企业家精神和组织敏捷性。企业家精神变量采取 4 个问项作为其未观测变量；与此同时，组织敏捷性变量采取 8 个问项作为其未观测变量。财务绩效变量采取 4 个问项作为其未观测变量实施 PLS 分析。

通过验证性因子检验（confirmatory factor analysis，CFA），本书量表的聚合效度、内部一致性和区分效度结果如下。

首先，聚合效度指的是采用不同方式对同一研究变量测量时，所观测到数值之间应该高度相关。依照 Yoo and Alavi（2001）各测量题项在其度量的潜变量上因子载荷值均大于 0.6，根据 Chin（1998）、Hulland（1999）和霍尔（Hall，2008）的研究因子载荷值均大于 0.5，说明量表具有聚合效度。如表 4.14 所示，防守型战略的题项 1 在其度量的潜变量上的因子载荷值大于 0.5，其余所有测量题项的因子均大于 0.6，这说明量表的聚合效度较好。

表 4.14 验证性因子检验

	前瞻型战略	防守型战略	交互绩效评价系统	交互预算系统	企业家精神	组织敏捷性	财务绩效
str1	**0.728**	−0.136	0.383	0.368	0.468	0.585	0.362
str2	**0.890**	−0.469	0.498	0.517	0.422	0.569	0.307
str3	**0.732**	−0.252	0.261	0.477	0.377	0.452	0.327
str4	−0.350	**0.579**	−0.226	−0.233	−0.214	−0.244	−0.178
str5	−0.177	**0.832**	−0.235	−0.308	0.050	−0.057	−0.043
str6	−0.363	**0.860**	−0.229	−0.384	−0.087	−0.261	−0.244
pms1	0.432	−0.205	**0.867**	0.406	0.251	0.459	0.273
pms2	0.414	−0.217	**0.883**	0.444	0.305	0.491	0.244
pms3	0.453	−0.326	**0.914**	0.452	0.329	0.448	0.263
pms4	0.491	−0.297	**0.921**	0.462	0.344	0.463	0.317
pms5	0.399	−0.277	**0.852**	0.350	0.269	0.308	0.208
b1	0.436	−0.264	0.334	**0.791**	0.179	0.360	0.340
b2	0.438	−0.441	0.367	**0.882**	0.202	0.437	0.292
b3	0.583	−0.340	0.496	**0.884**	0.350	0.614	0.378
en2	0.373	−0.005	0.227	0.209	**0.763**	0.478	0.278
en3	0.419	−0.037	0.113	0.126	**0.701**	0.462	0.121
en4	0.252	0.032	0.102	0.097	**0.612**	0.416	0.229
en6	0.467	−0.174	0.379	0.318	**0.805**	0.559	0.411
ag1	0.363	−0.159	0.324	0.430	0.427	**0.681**	0.391
ag2	0.513	−0.261	0.313	0.571	0.543	**0.793**	0.402
ag3	0.377	−0.148	0.336	0.239	0.391	**0.634**	0.219
ag4	0.636	−0.254	0.408	0.447	0.471	**0.752**	0.437
ag7	0.576	−0.266	0.528	0.499	0.515	**0.746**	0.297
ag8	0.394	0.085	0.216	0.230	0.381	**0.689**	0.429

续表

	前瞻型战略	防守型战略	交互绩效评价系统	交互预算系统	企业家精神	组织敏捷性	财务绩效
ag9	0.541	−0.150	0.328	0.426	0.553	**0.747**	0.471
ag10	0.484	−0.184	0.395	0.370	0.575	**0.768**	0.349
fin1	0.392	−0.246	0.314	0.425	0.398	0.554	**0.863**
fin2	0.350	−0.134	0.254	0.303	0.327	0.395	**0.945**
fin3	0.368	−0.157	0.285	0.363	0.390	0.470	**0.947**
fin4	0.412	−0.199	0.231	0.352	0.380	0.476	**0.943**

注：str，经营战略；pms，交互绩效评价系统；b，交互预算系统；en，企业家精神；ag，组织敏捷性；fin，财务绩效。

其次，内部一致性的检验标准主要包括三个指标：Cronbach's alpha、组合信度以及平均方差抽取量。根据福内尔和克尔（Fornell and Larcker，1981），Cronbach's alpha 值大于 0.6，组合信度大于 0.7，并且平均方差抽取量大于 0.5，说明量表具有内在一致性。从表 4.15 中可以看出，所有研究变量的 Cronbach's alpha 系数在 0.634～0.944 之间，高于 0.6 的阈值。所有变量的组合信度在 0.807～0.960 之间，远高于 0.7 的阈值。每个变量的平均提取方差值（AVE）在 0.524～0.856 之间，也超过了 0.5 的阈值。这些结果表明变量的内部一致性较好。

表 4.15 PLS 路径模型的模拟优度

	AVE	组合信度	R – Square	Cronbach's alpha	公共性
前瞻型战略	0.619	0.828	–	0.688	0.619
防守型战略	0.589	0.807	–	0.634	0.589
交互绩效评价系统	0.788	0.949	0.259	0.933	0.788
交互预算系统	0.728	0.889	0.377	0.817	0.728
企业家精神	0.524	0.814	0.140	0.730	0.524
组织敏捷性	0.530	0.900	0.388	0.873	0.530
财务绩效	0.856	0.960	0.278	0.944	0.856
模型整体拟合优度	0.369				

表 4.16 变量间的相关关系及 AVE 平方根

	1	2	3	4	5	6	7
1. 前瞻型战略	**0.787**						
2. 防守型战略	− 0.384	**0.767**					
3. 交互绩效评价系统	0.495	− 0.298	**0.888**				
4. 交互预算系统	0.580	− 0.410	0.480	**0.853**			
5. 企业家精神	0.532	− 0.098	0.340	0.300	**0.724**		
6. 组织敏捷性	0.678	− 0.243	0.494	0.571	0.669	**0.728**	
7. 财务绩效	0.415	− 0.205	0.296	0.397	0.408	0.521	**0.925**

注：对角线为 AVE 的平方根。

最后，区分效度指的是用不同的方法测量不同研究变量时，所得到的测量值之间能够区分。根据格芬和斯特劳布（Gefen and Straub，2005），区分效度验证通常需要具备两个条件。第一，各测量题项在其度量的潜变量上因子载荷值大于载荷在其他潜变量上载荷值；第二，每个检测变量的平均差抽取量的平方根是否大于其与其他变量的相关系数的绝对值（Yoo and Alavi, 2001）。如果平均方差抽取量的平方根大于潜变量之间相关系数的绝对值，或者说平均方差抽取量大于潜变量之间相关系数的平方，则说明变量间的区分度较高。

从表 4.14 中可以看出，各测量题项在其度量的潜变量上因子载荷值大于载荷在其他潜变量上载荷值。从表 4.16 中可以看出，每个研究变量平均方差抽取量的平方根都大于各变量间的相关系数。换言之，每一潜变量（研究变量）的测量工具，是能够与其他变量的测量工具区分开的，说明研究变量的测量工具具有较高的区分效度。

3. 假设检验

（1）路径分析结果

本书的假设检验使用 Smart – PLS 结构方程模型的路径系数。基于 Smart – PLS 建立结构方程模型，利用拔靴法（Bootstrapping）方法对模型加以检验，以避免由于计算结果或推导很难得到精确的判断。拔靴法不需要依靠或增加新的样本数量，而只是依靠已有的或者给定的样本的信息进行反复抽样来进行检验。本书以管理学领域常用的 Smart – PLS 2.0 为数据分析工具，应用调查所获的 87 个样本数据对研究模型进行了拟合，并用拔靴法（Bootstrapping）算法（N = 500）对结构模型的路径系数进行了显著性检验。

通常在分析基于方差建模的结构方程模型时，其实质问题是研究所提出的模型（即变量之间的关系）是否与数据拟合，所以 AMOS、LIS-REL 等数据分析工具开发出多种拟合指数（global fit）。但是由于 PLS 提取对内生变量解释性最强的综合变量，以最大化模型的预测能力，所以几乎不具备相关的拟合指数。但是最近有学者提出了能反映 PLS 特征的模型总体拟合优度计算方法。具体而言，该拟合指数为内生变量的 R

－Square 平均值和 AVE 的平均值相乘后的平方根。基于韦策尔等
（Wetzels 等，2009），该拟合指数至少要大于 0.1，分为上（0.36 以
上）、中（0.25~0.36）、下（0.1~0.25）三个层次。

如表 4.15 所示，计算出模型的总体拟合优度为 0.369，处于上等水
平，说明模型的拟合效果比较理想，具有较好的解释能力。因此，本书
使用 Smart－PLS 进行假设检验。表 4.17 为研究模型的假设检验结果，
图 4.2 为 PLS 分析结果的路径图。

表 4.17　PLS 分析结果

路径	路径系数	t 值
前瞻型战略→交互绩效评价系统	0.446	4.536 ***
防守型战略→交互绩效评价系统	－0.127	－1.204
前瞻型战略→交互预算系统	0.496	5.439 ***
防守型战略→交互预算系统	－0.219	－2.518 ***
交互绩效评价系统→企业家精神	0.255	1.661 **
交互预算系统→企业家精神	0.178	1.305 *
交互绩效评价系统→组织敏捷性	0.286	2.564 ***
交互预算系统→组织敏捷性	0.434	4.571 ***
企业家精神→财务绩效	0.109	0.771
组织敏捷性→财务绩效	0.448	2.788 ***

注：*** P<0.01，** P<0.05，* P<0.1（单侧检验）。

经营战略　　　　　　交互控制系统　　　　　　组织能力　　　　企业绩效

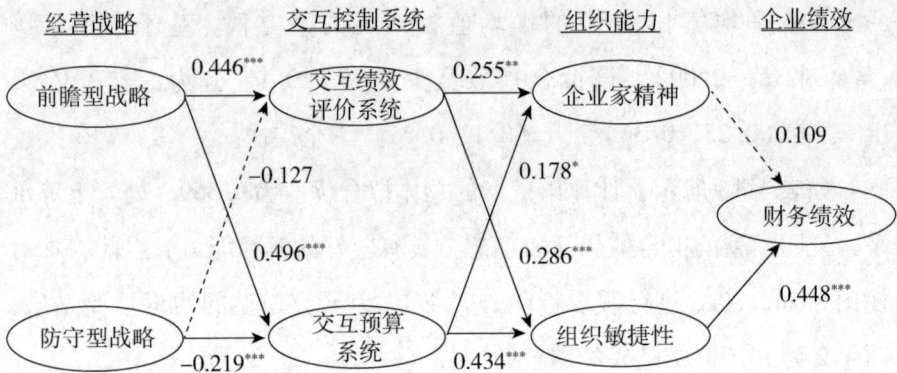

图 4.2　路径分析结果

（2）经营战略与交互控制系统

表 4.17 给出了原假设、路径系数、t 值和假设检验结果。假设 1 设立经营战略对交互控制系统的作用效应。从表 4.17 可以看出，前瞻型战略与交互绩效评价系统的路径系数为 0.446（t = 4.536），并且在 1% 的水平上显著，支持本书的研究假设 1 - 1，前瞻型战略对交互绩效评价系统具有显著的正向影响。也就是说，企业采取前瞻型战略的程度越高，则企业采用交互绩效评价系统的程度越高。然而，防守型战略与交互绩效评价系统的路径系数为 - 0.127（t = 1.204），虽然两者之间存在负相关的关系，但是由于统计学上不显著，所以研究假设 1 - 2 并未得到支持。这说明防守型战略与交互绩效评价系统未确认显著的相关性，但是与预测符号相一致，采取防守型战略企业通常倾向于抑制使用交互绩效评价系统。

此外，前瞻型战略与交互预算系统的路径系数为 0.496（t = 5.439），并且在 1% 的水平上显著，支持本书的研究假设 1 - 3，前瞻型战略对交互预算系统具有显著的正向影响。即企业采取前瞻型战略的程度越高，则企业实践中采用交互预算系统的程度越高。与此同时，防守

型战略与交互预算系统的路径系数为 -0.219 （t = 2.518），并且在 1%
的水平上显著，支持本书的研究假设 1 - 4，防守型战略对交互预算系
统具有显著的负向影响。据此，经营战略对交互控制系统具有显著影响
的假设 1 得到部分支持，即除了假设 1 - 2 以外，大多数变量间的关系
得到了验证。

（3）交互控制系统与组织能力

假设 2 设立交互控制系统对组织能力的作用效应。从表 4.17 可以
看出，交互绩效评价系统与企业家精神的路径系数为 0.255 （t =
1.661），并且在 5% 的水平上显著，支持本书的研究假设 2 - 1，交互绩
效评价系统对企业家精神具有显著的正向影响。同时交互预算系统与企
业家精神的路径系数为 0.178 （t = 1.305），并且在 10% 的水平上显著，
支持本书的研究假设 2 - 2，交互预算系统对企业家精神具有显著的正
向影响。该研究结果与亨利 （2006） 的研究结论一致，诸如绩效评价
系统、预算系统等交互控制系统的应用程度越高，则企业家精神的增进
程度越高。据此本书认为交互控制系统是影响企业家精神至关重要的因
素，是企业家精神的前因变量。

交互绩效评价系统与组织敏捷性的路径系数为 0.286 （t = 2.564），
并且在 1% 的水平上显著，支持本书的研究假设 2 - 3，交互绩效评价系
统对组织敏捷性具有显著的正向影响。另外交互预算系统与组织敏捷性
的路径系数为 0.434 （t = 4.571），并且在 1% 的水平上显著，支持本书
的研究假设 2 - 4，交互预算系统对组织敏捷性具有显著的正向影响。
该研究结果与长坂駅和金达坤 （Nagasaka and Kim Dalgon，2013） 的结
论一致，即证实交互绩效评价系统、交互预算系统等交互控制系统是增
强企业敏捷性能力的重要前因变量。简言之，当企业采取交互控制系统

的程度越高，则企业敏捷性能力的改善程度越高。

据此，假设 2 交互控制系统对组织能力具有显著的影响得到支持。企业通过采取交互控制系统，帮助改善组织成员之间的沟通与创造力，能够第一时间采集与分析企业所属的行业动向及外部环境的更变信息。鉴于此，进一步适时及时地捕捉新机会，快速灵活调整产品和业务，从而提高公司的企业家精神和组织敏捷性等内部能力。因此，交互控制系统使得企业持续识别和应对外在巨变的商业变化，以便迅速敏捷地实现企业目标与企业价值。

（4）组织能力与财务绩效

假设 3 设立企业家精神对财务绩效的作用效应。从表 4.17 可以看出，企业家精神与财务绩效的路径系数为 0.109（t = 0.771），尽管两者之间存在正相关的关系，但在统计学上不显著，所以本书的研究假设 3 并未得到支持。

该研究结果与亨利（2006）和表春美和申圣皓（Pyo Chun – mi and Shin Sung – ho，2015）的结论一致，即企业家精神的增进程度最终将无法贡献于财务绩效的提高程度。本书认为该研究结果可能是财务绩效采取短期的财务评价指标作为测量工具的原因。以往研究布洛克（Block，1989）等文献所阐述的，即短期的财务评价指标与企业家精神之间的相关关系较弱。据此，本分析结果可以推断出企业通过持续的创新活动，勇于挑战新的机会和新的市场，促进冒风险性的组织能力，发挥和增强企业家精神，从而将进一步提高企业的长期财务绩效。

与此同时，假设 4 设立组织敏捷性对财务绩效的作用效应。从表 4.17 可以看出，组织敏捷性与财务绩效的路径系数为 0.448（t = 2.788），并且在 1% 的水平上显著，支持本书的研究假设 4，组织敏捷性对财务绩效具有显著的正向影响。

该实证检验结果与 Ravichandran（2018）和卡莱等（2019）的结论一致，即企业增进组织敏捷性能力的程度越高，则改善财务绩效的程度越高。这证明组织敏捷性是直接影响财务绩效的关键要素。组织敏捷性能够帮助企业在竞争激烈的商业环境中灵活地因应外部变化，以便提升企业价值。由此可见，组织敏捷性是改善竞争优势与财务绩效的一种至关重要的组织能力。

（5）变量间的中介效应

假设 5 设立交互控制系统在经营战略与组织能力之间存在中介效应。从假设 1 和假设 2 可见，除了防守型战略与交互绩效评价系统间未发现显著的影响之外，其他变量间都具有显著的正向或者负向影响。据此，假设 5 得到部分支持。

首先，前瞻型战略对交互绩效评价系统、交互预算系统具有显著的正向影响，并且交互绩效评价系统和交互预算系统对企业家精神具有显著的正向影响，这说明交互绩效评价系统、交互预算系统在前瞻型战略与企业家精神之间存在中介效应。换言之，企业采取前瞻型战略的程度越高，利用交互控制系统的程度越高，则企业家精神的增强程度越高。因此，前瞻型战略企业更倾向于采取交互绩效评价系统以便感知和探索新市场和新机会，同时采取交互预算系统以便调解管理者与员工间的纠纷，且及时纠偏。该研究结果与亨利（2006）的结论一致：企业以交互的方式规范评价绩效和预算系统，将提高企业持续地寻求创新和更变的组织能力，即企业家精神。

前瞻型战略对交互控制系统具有显著的正向影响，并且交互控制系统对组织敏捷性具有显著的正向影响，这表明交互绩效评价系统和交互预算系统在前瞻型战略与组织敏捷性之间起到中介作用的角色。即企业采取前瞻型战略的程度越高，交互绩效评价系统、交互预算系统的使用程度越高，则组织敏捷性的提升程度越高。所以，采取前瞻型战略的企业具有优良的创造力和创新力，更加倾向于应用交互绩效评价系统和交互预算系统。从而企业通过采取交互绩效评价系统和交互预算系统，促进信息共享、发扬对话讨论，最终如萨尔（2011）所阐述的，能够提高企业灵敏应变的能力，即组织敏捷性，以便快速感知和应对外部的商业环境变化。

从防守型战略与交互控制系统间的关系可以看出，防守型战略与交互绩效评价系统间统计学上不显著，但是防守型战略显著负向影响交互预算系统。交互绩效评价系统和交互预算系统均显著正向影响企业家精神、组织敏捷性等组织能力。这表明交互绩效评价系统在防守型战略与组织能力间不存在中介效应，但是交互预算系统在防守型战略与组织能力间存在中介效应。由此可见，防守型战略企业具有管理者相对保守、倾向于躲避风险，并且注重运营的控制和效率的特征。为了实现竞争优势和改善组织能力，这种企业在实践中应该减少利用交互预算系统的程度。

假设6设立组织能力在交互控制系统与财务绩效之间存在中介效应。前文所阐述的，交互绩效评价系统、交互预算系统均对组织能力，即企业家精神和组织敏捷性有显著的正向影响，所以假设2得到支持。假设4虽然也得到支持，但由于企业家精神和财务绩效之间未发现显著的相关性，所以假设6得到部分支持。该研究结果与亨利（2006）的结论一致，企业家精神在交互控制系统与财务绩效之间未起到中介角色。因此，本书未发现交互控制系统经由企业家精神对财务绩效产生的间接影响。也就是说，企业采取交互控制系统能够探索市场机会，解决管理者与组织成员间的纠纷等问题，促进组织内部的对话和讨论，进而提升企业家精神。然而，进一步对企业的财务绩效造成一定的作用影响却未得到验证。

另外，交互控制系统对组织敏捷性有显著的正向影响，并且组织敏捷性对财务绩效有显著的正向影响。组织敏捷性在诸如交互绩效评价系统、交互预算系统的交互控制系统与财务绩效之间起到中介角色。也就是说，企业采取交互控制系统增强组织敏捷性能力，进而有助于企业提高财务绩效。由此可见，企业采取交互控制系统保持各层管理者的有效沟通，形成外部市场信息的及时共享，注重挖掘管理者的潜能和对新技术的洞察力，进而将增强组织敏捷性，最终保证企业财务绩效的实现与提高。

（6）研究结果

经过上述分析，本书的研究假设得到支持与否整理如下表4.18。

表4.18　假设检验结果

假设	内容	结果
H1	经营战略对交互控制系统有显著的影响	部分支持
H1-1	前瞻型战略对交互绩效评价系统有正向影响	支持
H1-2	防守型战略对交互绩效评价系统有负向影响	不支持
H1-3	前瞻型战略对交互预算系统有正向影响	支持
H1-4	防守型战略对交互预算系统有负向影响	支持
H2	交互控制系统对组织能力有显著的影响	支持
H2-1	交互绩效评价系统对企业家精神有正向影响	支持
H2-2	交互预算系统对企业家精神有正向影响	支持
H2-3	交互绩效评价系统对组织敏捷性有正向影响	支持

续表

假设	内容	结果
H2-4	交互预算系统对组织敏捷性有正向影响	支持
H3	企业家精神对财务绩效有显著的正向影响	不支持
H4	组织敏捷性对财务绩效有显著的正向影响	支持
H5	交互控制系统在经营战略与组织能力之间存在中介效应	部分支持
H6	组织能力在交互控制系统与财务绩效之间存在中介效应	部分支持

第五章

经营战略对财务绩效影响的政策建议与展望

本书探讨了经营战略对财务绩效的作用机理。通过理论分析和实证检验，本书证实了交互控制系统和组织敏捷性在经营战略和财务绩效之间的中介作用。本章将根据研究结果总结出研究结论，并指出本书的研究启示、政策建议、研究局限和未来研究方向。

第一节　经营战略对财务绩效影响的研究结论

随着市场竞争越发国际化，消费者越发多元化，战略越发动态化等，企业所面临的发展环境越来越具有不确定性。在这样骤变的商业环境下，企业如何有效采取交互控制系统敏捷调整战略方向、在实践中获取可持续的竞争优势，是当前管理会计领域理论和实践关注的焦点。为了实现财务绩效的提高，中高层管理者需要持续地增强内部组织能力和力量，特别需要注重交互控制系统与组织能力的关联机理。

本书探讨了经营战略、交互控制系统、组织能力间的关联性对财务绩效的影响作用机制。在研究中，经营战略采取迈尔斯和斯诺（Miles and Snow，1978）提出的前瞻型战略和防守型战略。交互控制系统细分为交互绩效评价系统和交互预算系统。组织能力从企业家精神和组织敏捷性两个方面进行探究。本书的研究目的旨在为探究经营战略是否影响企业的交互控制系统；交互控制系统是否能够增强企业家精神和组织敏捷性；进而研究诸如企业家精神和组织敏捷性的组织能力是否可以改善企业的财务绩效。不仅如此，进一步探讨在经营战略与财务绩效之间交互控制系统和组织能力是否起到中介角色。

研究撰写过程如下。首先，通过查阅文献，梳理经营战略、交互控制系统和组织能力的概念和以往研究。其次，根据理论背景和现有文献建立研究模型，并且提出六个研究假设。假设检验利用问卷调查数据。数据收集采取邮寄方式，从上市制造型企业的管理者中进行采集。最后，实证检验采取 PLS 结构方程模型分析进行模型检验和假设检验。以下是本书的研究结果。

第一，前瞻型战略与交互控制系统呈显著正相关关系。为了应对动态的商业环境，具有不断开发新产品、新市场等特点的前瞻型战略企业应该采取交互控制系统。即采取前瞻型战略的程度越高，则对交互绩效评价系统和交互预算系统的采用程度越高。防守型战略与交互绩效评价系统未呈现出显著的相关关系，但是与交互预算系统呈显著负相关关系。这表明防守型战略企业为了获取较为稳定的市场份额和收益，更注重生产运营的效率，因此降低使用交互预算系统。

第二，交互控制系统与企业家精神和组织敏捷性均呈显著正相关关系。这意味着交互控制系统是企业家精神和组织敏捷性等组织能力的重要影响要因。对于采取交互控制系统的企业来说，运用强调对话和沟通的交互式的业绩评价和预算系统，能有效地促进企业创新、寻求挑战，改善灵活应对危机和机会的能力，进而影响企业家精神和组织敏捷性。另外，企业家精神与财务绩效未呈现出显著正相关关系，但是组织敏捷性与财务绩效呈显著正相关关系。也就是说，本书认为企业家精神在交互控制系统与财务绩效间未起到中介作用，然而组织敏捷性在交互控制系统与财务绩效间起到中介作用。这表明组织敏捷性是实现财务绩效提高的直接影响因素。为了建立和发展竞争优势，管理者及组织成员应该重视组织敏捷性的核心作用，特别是在构筑管理控制系统时，应该全面考虑组织敏捷性和交互控制系统的关联机理。

第三，前瞻型战略与交互控制系统呈显著正相关关系，并且交互控制系统与组织敏捷性呈显著正相关关系。这说明对于采取前瞻型战略的企业，通过利用交互控制系统提供的实时消息，有助于增强组织敏捷性。所以，交互控制系统在前瞻型战略与组织敏捷性之间存在中介效应。与此同时，防守型战略与交互绩效评价系统间未发现显著的负相关关系，并且交互绩效评价系统与企业家精神和组织敏捷性之间均呈显著正相关关系。这意味着交互绩效评价系统在防守型战略与组织能力之间未发挥中介角色。然而，防守型战略与交互预算系统呈显著负相关关系，并且交互预算系统与组织能力呈显著正相关关系。据此，交互预算系统在防守型战略与组织能力之间起到中介角色。

第四，交互控制系统与财务绩效间企业家精神未起到中介作用，然而，组织敏捷性却起到中介作用。这说明交互控制系统通过中介变量组织敏捷性间接地影响企业的财务绩效。该研究结果证实交互控制系统是实现组织敏捷性提升的重要影响因素。也就是说，交互控制系统促使企业及时发现机遇、灵活因应市场，调整产品和事业部规划，进而提高企业的组织敏捷性能力，从而使企业不断改进和提高财务绩效。

第二节 经营战略对财务绩效影响的研究启示

本书探讨的是韩国上市企业情境下经营战略对财务绩效的作用机制。经过理论分析和实证研究所得出的研究结论对理论和实践的发展具有一定的启示。

首先,交互控制系统与经营战略的匹配具有提高组织能力的功能意义。管理者需要把交互控制系统的运行放在经营战略动态调整的背景下考虑,当经营战略改变时,交互控制系统也要随之变动,以适应战略的需要。

其次,交互控制系统是直接影响企业家精神和组织敏捷性的主要因素。由于交互控制系统的使用为企业提供及时和准确的信息环境,所以交互控制系统为了确保企业家精神和组织敏捷性的提高起到了至关重要的作用。在交互式的业绩评价或者预算系统的支持下,通过管理者与组织成员之间的相互沟通和信息共享,企业变得更加灵活高效,能够积极感知和应对市场的变化,为顾客提供更高水平的产品和服务,从而最终实现企业家精神和组织敏捷性等组织能力的提升。

最后,在当前动态环境下,基于权变理论和资源基础观,企业在绩效评价和预算方面需要有不断的沟通、反馈和讨论来赋予管理者战略性的视野和眼界,以便企业及时灵敏地对市场的变化作出积极反应,维持自身的竞争优势,实现可持续的高质量发展。

第三节　经营战略对财务绩效影响的政策建议

一、加快建立管理交互控制，提升企业差异化竞争力

传统的管理控制已经不再适用组织环境，作为管理者应该具有更开放的视角，把重视约束的控制系统加速转换成重视鼓舞、对话与讨论的控制系统。即通过交互式的管理控制促进和指导探寻新事业和新机会，激发企业不断进步并促进新创意、新战略的诞生。交互控制打破了组织预算和绩效制定时自上而下的单向缺陷，提高了内部自下而上的沟通和交流，从而提高了预算和绩效制定的准确性。在该管控下，组织管理者与员工之间，以及同阶级管理者或者员工之间形成了一个交互的、双向的、开放的控制机制。这种信息传递方式不仅能够更新战略，更能够增进企业进行双循环学习，进而改善组织学习能力，从而能够加强组织的企业家精神和组织敏捷性能力。总体而言，交互控制激发组织敢于冒险和承担风险，敢于试错，打破惯性思维，寻找变化，应对变化，并且在此基础上将变化作为新机会充分利用，从而实现长期的可持续发展。

二、努力把握市场趋势，实现企业财务绩效稳健增长

激发企业家精神和组织敏捷性是提升财务绩效的关键。为了增强竞争优势和提高企业绩效，组织需要对市场趋势把握准确，有效和高质量

地培育企业内在的固有资源。只有审时度势，才能在不确定性的商业环境中，抢夺行业变革的主导权，勇于创新，不断进取，保持向上态势。经营实践中，大多数企业缺乏根据组织前进方向不断进行战略反思和创新转型的能力。在环境变化的新常态下，如果管理者和员工不能够灵活地完成组织任务，在面对挑战和变化时无法作出快速的战略反应，则将丧失生存和发展的能力。由此可见，管理者需要从根本上摆脱诊断控制情景下的管理困境，以更广阔的视野剖析市场形势和指导员工，激发组织不断产生新设想和新知识，从而成功应对环境复杂性给组织带来的挑战，充分发挥企业家精神和组织敏捷性作用，确保绩效的更稳健提升。

三、重视企业各个层级间对话讨论，积极促进新战略产生

交互控制系统与传统的僵化的控制杠杆相比，有利于准确地获取组织外部的动态环境信息，及时发现问题和解决问题，从而大大增加了控制的作用。交互控制系统重在激发各个层级间的对话和讨论，不仅能够及时地反映预期成果与实际成果的差异，还能够将此差异及时反馈并且进一步加深分析，作出相应举措。同时在此过程中，碰撞出新战略和新思想，以实现组织上下所追求的整体目标。因此，建立完善的、开放的、交互的控制系统是当前复杂环境下企业管理的中心环节。良好有效的对话和沟通，激发员工自主性，引导其建立更有挑战性的目标，进而带来较大个人效益和组织效益。换言之，交互控制通过组织内部沟通，进而促进成员间情感交流和积极互动，从而使得员工产生更高水平的效能感和胜任感。本书的研究为管理控制系统构建与实际应用提供了理论指导，有助于企业创新实践，勇于追求灵活发展，加快塑造资源再分配

能力，从而推动新战略的产生和建立更大的市场份额。

第四节 经营战略对财务绩效影响的研究局限及展望

虽然本书对理论和实践具有一定的启示和借鉴意义，但是仍有一定的局限性。具体而言，第一，本书权变变量仅仅考虑了战略，关于组织规模或者环境不确定性等尚未列入考虑范围之内。未来研究模型可以从多角度全面考究权变变量，将会扩展研究意义。此外，组织敏捷性可以划分为运营敏捷性、资源分配敏捷性和战略敏捷性。本书尚未考虑组织敏捷性的各个组成部分，而是从组织整体角度进行界定。

第二，样本的局限。本书基于研究内容的考虑选取了韩国上市制造型企业作为研究样本。本书没有考虑到其他性质或行业的企业。所以，未来的研究应该选取更多的企业和行业进行大样本分析、对比和归纳，诸如中国样本或者服务业。

第三，被调查者特质的有限。被调查者特质包括被调查者的职位和被调查者的所属部门，但对于被调查者的性别、学历、工作年限等人口统计学特质其他方面未加入考虑。此外，由于本书主要涉及企业家精神和组织敏捷性等行为反应，因此无法从公开数据库中获取所需的研究数据。在研究方法上，本书基于问卷调查法收集数据，所以数据可能会存在受访者的主观性判断，研究结果可能存在某种程度上的主观性偏差。填答问卷时应尽可能客观，且根据企业实际情况逐一仔细和认真地填答，然而无法保证被调查者是否如实回答问卷；或者可能存在对问卷题项理解有误等情况，所以样本质量有局限性。

　　尽管上文提出本书的三点局限性，然而在管理会计领域中，探讨交互控制系统和组织能力在经营战略与财务绩效之间是否起到中介作用的实证研究具有一定的理论意义和实践意义。根据上文提出的启示和研究不足，未来研究可以从以下三个方面作出尝试。

　　第一，根据西蒙斯（1995）管理控制系统可以划分为多类。本书侧重于探究交互控制系统，后续研究也可以将具有相异作用的诊断控制系统列入研究模型进行分析，拓展研究意义。

　　第二，根据萨尔（2011）的研究，组织敏捷能够划分为运营敏捷性、资源分配敏捷性和战略敏捷性。本书是从三个维度的整体视角共同测量组织敏捷性，尚未探索组织敏捷性的各个组成概念和其他主要研究变量的关联机理，笔者将会在后续研究中予以进一步深入探讨。

　　第三，本书选取以销售额为基准的前 400 位制造型企业为研究对象。当前的商业环境有逐渐从制造型企业向服务型企业转化的趋势，因此，未来研究还应该将服务业作为研究对象进行考察和探究，形成更全面的研究模型，扩展研究意义。

参 考 文 献

中文文献

［1］埃里克·施密特，乔纳森·罗森伯格，艾伦·伊格尔著，靳婷婷译．重新定义公司：谷歌是如何运营的［M］．北京：中信出版社，2016.

［2］陈佳俊．企业战略与业绩评价指标的选择［J］．审计理论与实践，2003（12）：81-82.

［3］程虹，刘三江，罗连发．中国企业转型升级的基本状况与路径选择——基于570家企业4794名员工入企调查数据的分析［J］．管理世界，2016（2）：57-70.

［4］程天，戴建华，沈晨．基因视角下的企业家精神特征研究［D］．复旦大学管理学院，2006.

［5］戴天婧，汤谷良，彭家钧．企业动态能力提升、组织结构倒置与新型管理控制系统嵌入——基于海尔集团自主经营体探索型案例研

究 [J]. 中国工业经济, 2012 (2): 128 – 138.

[6] 丁栋虹. 企业家精神——全球价值的道商解析 [M]. 上海: 复旦大学出版社, 2015.

[7] 杜胜利. 没有控制系统就没有执行能力——构建基于执行力的管理控制系统 [J]. 管理世界, 2004 (10): 145 – 146.

[8] 杜荣瑞, 肖泽忠, 周齐武. 中国管理会计研究述评 [J]. 会计研究, 2009 (9): 72 – 80.

[9] 冯长利, 李天鹏, 兰鹰. 意愿对供应链知识共享影响的实证研究 [J]. 管理评论, 2013 (3): 126 – 134.

[10] 高沛然, 李明. 组织 IT 资源对运作敏捷性影响的实证研究 [J]. 南开管理评论, 2017, 20 (5): 165 – 174.

[11] 顾颜春. 企业精细化管理研究——以蒙牛公司创新 "小家庭" 管理模式为例 [J]. 现代国企研究, 2018 (22): 33.

[12] 郭惠玲. 公司企业家精神与企业绩效的实证研究——基于营销能力的交互作用 [J]. 华侨大学学报, 2014 (3): 84 – 92.

[13] 郭万富, 汉明著. 蒙牛系创业传奇 [M]. 中国言实出版社, 2016.

[14] 贺小刚. 企业家能力、组织能力与企业绩效 [M]. 上海: 上海财经大学出版社, 2006.

[15] 胡玉明. 平衡计分卡: 一种战略绩效评价理念 [J]. 会计之友, 2010 (4): 4 – 11.

[16] 黄群慧. 控制权作为企业家的激励约束因素: 理论分析及现实解释意义 [J]. 经济研究, 2000 (1): 41 – 47.

[17] 黄世忠. 当会计遇见新经济 [J]. 云顶: 厦门国家会计学院

院刊，2018（1）：49－54.

［18］杰伊·B. 巴尼，德文·N. 克拉克著，张书军，苏晓华译.
资源基础理论——创建并保持竞争优势［M］. 上海人民出版
社，2011.

［19］季周. 吉利汽车的责任利润中心建设与绩效考核［J］. 财务
与会计，2019（23）：33－35.

［20］蒋春燕，赵曙明. 社会资本和公司企业家精神与绩效的关
系：组织学习的中介作用——江苏与广东新兴企业的实证研究［J］.
管理世界，2006（10）：90－99.

［21］康健著. 蒙牛攻略［M］. 西安：陕西师范大学出版
社，2005.

［22］拉斯洛·博克著，宋伟译. 重新定义团队　谷歌如何工作
［M］. 北京：中信出版社，2015.

［23］李蕾，林家宝. 农产品电子商务对企业财务绩效的影响——
基于组织敏捷性的视角［J］. 华中农业大学学报，2019（2）：
100－109.

［24］刘凌冰，张天昊，韩向东. 集团公司全面预算管理模式适配
模型研究——基于神华、华润和国投集团的多案例分析［J］. 财务研
究，2016（6）：39－53.

［25］罗伯特·安东尼，维杰伊·戈文达拉扬著. 管理控制系统
［M］. 北京：人民邮电出版社，2011.

［26］罗伯特·西蒙斯著，刘俊勇译. 业绩评价与控制系统［M］.
北京：中国人民大学出版社，2016.

［27］刘冀生著. 企业战略管理——不确定性环境下的战略选择及

实施 [M]．北京：清华大学出版社，2017.

[28] 马文甲，张琳琳．企业敏捷性构建：动态能力视角下的案例研究 [J]．财经问题研究，2018（7）：70 - 77.

[29] 迈克尔·波特著，郭武军，刘亮译．竞争战略 [M]．北京：华夏出版社，2012.

[30] 毛良虎，王磊磊，房磊．企业家精神对企业绩效影响的实证研究——基于组织学习、组织创新的中介效应 [J]．华东经济管理，2016，30（5）：148 - 152.

[31] 孟焰，孙健，卢闯，刘俊勇．中国管理会计研究评述与展望 [J]．会计研究，2014（9）：3 - 12.

[32] 冉秋红，吴雅玲．推动企业创新的管理控制系统：作用机理与基本框架 [J]．管理现代化，2020（2）：60 - 63.

[33] 桑巴特著，李季译．现代资本主义 [M]．北京：商务印书馆，1958.

[34] 唐纳德·萨尔著，陈庆予，张遵璐，王晓春译．动荡企业的黄金机会 [M]．北京：中华工商联合出版社，2011.

[35] 汤谷良，王斌，杜菲，付阳．多元化企业集团管理控制体系的整合观——基于华润集团 6S 的案例分析 [J]．会计研究，2009（2）：53 - 60.

[36] 托马斯·舒尔茨著，严孟然，陈琴译．Google：未来之镜 [M]．北京：当代中国出版社，2016.

[37] 王斌，顾惠忠．内嵌于组织管理活动的管理会计：边界、信息特征及研究未来 [J]．会计研究，2014（1）：13 - 20.

[38] 王满，姜洪涛．管理会计控制系统理论的演进趋势、机制与

功能［J］．东岳论丛，2018，39（2）：77－85．

［39］王明兰．敏捷转型：打造 VUCA 时代的高效能组织［M］．北京：人民邮电出版社，2018．

［40］王绍璠．用心塑造企业家［N］．中国改革报，2006（2）．

［41］吴晓波著．腾讯传：1998—2016：中国互联网公司进化论［M］．杭州：浙江大学出版社，2017．

［42］辛杰，兰鹏璐，李波．企业家文化价值观的双元影响效应研究——以企业家精神为中介［J］．中央财经大学学报，2017（4）：72－80．

［43］薛求知，伊晟．环境战略、经营战略与企业绩效——基于战略匹配视角的分析［J］．经济与管理研究，2014（10）：99－108．

［44］于增彪，张黎群，张双才．我国管理会计的发展正面临着最佳战略机遇期［J］．财务与会计（理财版），2014（4）：8－11．

［45］约翰·P．科特．领导变革［M］．北京：机械工业出版社，2014．

［46］约翰·杜尔著，曹仰锋，王永贵译．这就是 OKR［M］．北京：中信出版社，2019．

［47］曾仕强．大道至简［M］．广州：广东经济出版社，2018．

［48］诸波，干胜道．市场竞争程度、经营战略与业绩评价指标选择［J］．会计研究，2015（2）：51－57．

［49］周海炜，张阳，唐震．谋略与战略——管理文化的观点［M］．北京：科学出版社，2007．

［50］周华，周水银．以敏捷性与创新性为中介的互动能力对组织绩效影响作用研究［J］．管理学报，2014（11）：1703－1710．

［51］周宇，仲伟俊，梅姝娥．信息系统提升企业敏捷性的机制研究［J］．科学学与科学技术管理，2015，36（7）：70－83.

［52］张川，潘飞．非财务指标采用的业绩后果实证研究［J］．会计研究，2008（2）：39－46.

［53］张先治．中国特色管理控制理论创新与应用拓展［M］．北京：中国财政经济出版社，2017.

［54］张先治，王兆楠，柳志南．基于管理会计的企业管理控制模式创新探讨［J］．会计研究，2017（12）：24－29.

［55］张勇．中国最需要的企业家［M］．北京：中国商业出版社，2016.

［56］张娜娜，谢伟，臧树伟．管理学习的过程及来源：上汽集团的案例研究［J］．科研管理，2019（4）：157－167.

外文文献

［1］Abernethy, M. A. & Brownell, P. （1997）. Management control systems in research and development organizations: The role of accounting, behavior and personnel controls ［J］. *Accounting, organizations and society*, 22（03－04）, 233－248.

［2］Abernethy, M. A. & Brownell, P. （1999）. The role of budgets in organizations facing strategic change: an exploratory study ［J］. *Accounting, organizations and society*, 24（3）, 189－204.

［3］Abernethy, M. A. & C. H. Guthrie. 1994. An Empirical Assessment of Fit Between Strategy and Management Information System Design ［J］

. *Accounting and Finance*, 49 – 66.

［4］ Anderson, S. W. & Lanen, W. N. (1999). Economic transition, strategy and the evolution of management accounting practices: the case of India ［J］. *Accounting, Organizations and Society*, 24 (5 – 6), 379 – 412.

［5］ Andrews, R., Boyne, G. A., Law, J. & Walker, R. M. (2007). Centralization, organizational strategy, and public service performance ［J］. *Journal of Public Administration Research and Theory*, 19 (1), 57 – 80.

［6］ Ashrafi, A., Ravasan, A. Z. & Trkman, P. (2019). The role of business analytics capabilities in bolstering firms' agility and performance ［J］. *International Journal of Information Management*, 47, 1 – 15.

［7］ Auzair, S. M. & K. Langfield – Smith. (2005). The effect of service process type, business strategy and life cycle stage on bureaucratic MCS in service organizations ［J］. *Management Accounting Research*, 16 (4), 399 – 421.

［8］ Barney, J. B. (1986). Organizational Culture: Can It Be a Source of Sustained Competitive Advantage? ［J］. *Academy of Management Review*, 11, 656 – 665.

［9］ Barney, J. B. (1989). Asset Stock Accumulation and Sustained Competitive Advantage: A Comment ［J］. *Management Science*, 35, 1511 – 1513.

［10］ Barney, J. B. (1991). Firm Resources and Sustained Competitive Advantage ［J］. *Journal of Management*, 17 (1), 99 – 120.

[11] Bisbe, J. & D. Otley. (2004). The Effects of the Interactive Use of Management Control Systems on Product Innovation [J]. *Accounting, Organizations and Society*, 29 (8), 709-737.

[12] Black, J. A. & Boal, K. B. (1994). Strategic resources: Traits, configurations and paths to sustainable competitive advantage [J]. *Strategic management journal*, 15 (S2), 131-148.

[13] Block, Z. (1989). Damage Control for New Corporate Ventures [J]. *Journal of Business Strategy*, 10 (2), 22-28.

[14] Block, Z. & Ornati, O. A. (1987). Compensating corporate venture managers [J]. *Journal of Business Venturing*, 2 (1), 41-51.

[15] Bruns, W. J. & J. H. Waterhouse. (1975). Budget Control and Organization Structure [J]. *Journal of Accounting Research* (*Autumn*), 13, 177-203.

[16] Burgelman, R. A. (1984). Designs for corporate entrepreneurship in established firms [J]. *California management review*, 26 (3), 154-166.

[17] Burns, T. & G. M. Stalker. 1961. *The Management of Innovation.* Tavistock, London.

[18] Byung-oh, K. Jin-soo, K. & Sung-sik, A. (2010). An Empirical Study on the Influence of Entrepreneurship of Franchisor's CEO on Franchisor's Performance [J]. *Journal of Channel and Retailing*, 15 (4), 87-117.

[19] Cegarra-Navarro, J. G., Soto-Acosta, P. & Wensleya, K. P. (2016). Structured knowledge processes and firm performance: the

role of organizational agility [J] . *Journal of Business Research*, 69 (5), 1544 – 1549.

[20] Chenhall, R. H. (1997) . Reliance on Manufacturing Performance Measures, Total Quality Management and Organizational Performance [J] . *Management Accounting Research*, 8, 187 – 206.

[21] Chenhall, R. H. (2003) . Management control systems design within its organizational context: findings from contingency – based research and directions for the future [J] . *Accounting, Organizations and Society*, 28, 127 – 168.

[22] Chenhall, R. H. (2005) . Integrative Strategic Performance Measurement Systems, Strategic Alignment of Manufacturing, Learning and Strategic Outcomes: An Exploratory Study [J]. *Accounting, Organizations and Society*, 30 (5), 395 – 422.

[23] Chin, W. W. (1998) . The partial least squares approach to structural equation modeling [J] . *Modern methods for business research*, 295 (2), 295 – 336.

[24] Chun – mi, P. & Sung – ho, S. (2015) . The Role of Use of Management Control Systems in the Relationship between Entrepreneurship and Organizational Performance [J] . *Korea International Accounting Review*, 61, 101 – 128.

[25] Cohen, S. G. (1993) . New approaches to teams and teamwork. In J. Galbraith, & E. E. Lawler III, et al. (Eds.) [J] . *Organizing for the future—the new logic for managing complex organizations.* 194 – 226.

[26] Cohendet, P., Llerena, P. & Marengo, L. (2000) . Is there

a pilot in the evolutionary firm ［J］. *Competence, governance, and entrepreneurship*: *Advances in economic strategy research*, 95 – 115.

［27］ Collis, D. J. (1991). A resource - based analysis of global competition: the case of the bearings industry ［J］. *Strategic management journal*, 12 (S1), 49 – 68.

［28］ Covin, J. G. & Slevin, D. P. (1989). Empirical relationship among strategic posture environmental context variables, and new venture performance ［J］. *Frontiers Entrepreneurship Research*, 16 (5), 124 – 133.

［29］ Covin, J. G. & Slevin, D. P. (1991). A conceptual model of entrepreneurship as firm behavior ［J］. *Entrepreneurship theory and practice*, 16 (1), 7 – 26.

［30］ Dalgon, K. (2007). The Effects of Organizational Learning between Business Strategy and Control System on Performance ［J］. *Korean Journal of Accounting Research*, 12 (1), 143 – 163.

［31］ Dalgon, K. (2010). An Analysis of Differences in the Attributes of Performance Measurement Systems Depending on Business Strategies ［J］. *Korean Journal of Accounting Research*, 15 (1), 119 – 143.

［32］ David, P. A. (1985). Clio and the Economics of Qwerty ［J］. *American Economic Review*: *Proceedings*, 75, 332 – 337.

［33］ Demsetz, H. (1973). Industry Structure, Market Rivalry, and Public Policy ［J］. *Journal of Law and Economics*, 16, 1 – 9.

［34］ Doz, Y., Prahalad, C. K., Hamel, G., Bartlett, C. A., Doz, Y. & Hedlund, G. (1990). Control, change and flexibility: the dilemma of transnational collaboration ［J］. *Managing the Global Firm*, Routledge, London, 117 – 143.

[35] Drucker, P. F. *Innovation and Entrepreneurship*: *Practice and Principles* [M]. New York: Harper & Row Press, 1985: Preface.

[36] Ferreira, A. & D. Otley. (2009). The Design and Use of Performance Management Systems: An Extended Framework for Analysis [J]. *Management Accounting Research*, 20 (4), 263 – 282.

[37] Fornell, C. & Larcker, D. F. (1981). Evaluating structural equation models with unobservable variables and measurement error. *Journal of marketing research*, 18 (1), 39 – 50.

[38] Fry, A. (1987). The post – it note: An intrapreneurial success [J]. *SAM Advanced Management Journal*, 52 (3), 4 – 9.

[39] Gavetti, G. & Levinthal, D. (2000). Looking forward and looking backward: Cognitive and experiential search [J]. *Administrative science quarterly*, 45 (1), 113 – 137.

[40] Gefen, D. & Straub, D. (2005). A practical guide to factorial validity using PLS – Graph: Tutorial and annotated example [J]. *Communications of the Association for Information systems*, 16 (1), 5.

[41] Govindarajan, V. & Gupta, A. K. (1985). Linking control systems to business unit strategy: impact on performance [J]. *In Readings in Accounting for Management Control*, 646 – 668. Springer, Boston, MA.

[42] Gupta, A. K. & Govindarajan, V. (1984). Business unit strategy, managerial characteristics, and business unit effectiveness at strategy implementation [J]. *Academy of Management journal*, 27 (1), 25 – 41.

[43] Govindarajan, V. J. & J. Fisher. (1990). Strategy, control sys-

tems, and resource sharing: Effects on business unit performance [J]
. *Academy of Management Journal*, 33 (2), 259 – 285.

[44] Hall, M. (2008). The effect of comprehensive performance measurement systems on role clarity, psychological empowerment and managerial performance [J]. *Accounting, Organizations and Society*, 33 (2 – 3), 141 – 163.

[45] Hambrick, D. (1987). Top Management Teams: Key to Strategic Success [J]. *California Management Review*, 30, 88 – 108.

[46] Harrison, G. L. & McKinnon, J. L. (1999). Cross – cultural research in management control systems design: a review of the current state [J]. *Accounting, Organizations and Society*, 24 (5 – 6), 483 – 506.

[47] Henderson, R. M. & Clark, K. (1990). Architectural Innovation: The Reconfiguration of Existing Product Technologies and the Failure of Established Firms [J]. *Academy of Management Journal*, 25, 510 – 531.

[48] Henri, J. F. (2006). Management control systems and strategy: A resource – based perspective [J]. *Accounting, organizations and society*, 31 (6), 529 – 558.

[49] Hobson, E. L. & Morrison, R. M. (1983). How do corporate start – up ventures fare [J]. *Frontiers of entrepreneurship research*, 390 – 410.

[50] Hulland, J. (1999). Use of partial least squares (PLS) in strategic management research: A review of four recent studies [J]. *Strategic management journal*, 20 (2), 195 – 204.

[51] Hult, G. T. M. & Ketchen Jr, D. J. (2001). Does market ori-

entation matter?: A test of the relationship between positional advantage and performance [J]. *Strategic management journal*, 22 (9), 899 – 906.

[52] Hyunjeong, C., K. Keehwan. & K. Soonkee. (2014). The effect of the characteristics of the board of directors on the use of Performance Measurement System: moderating effects of environmental uncertainties [J]. *Korean Journal of Management Accounting Research*, 14 (1), 57 – 84.

[53] Hyun, Y. C., Soon, K. K., Min, S. K., Hyun, J. C. & Dal, G. K. (2012). The Effects of Performance Measurement System on Performance: Mediation Effects of Organizational Learning and Agility [J]. *Korean Accounting Journal*, 21 (5), 145 – 174.

[54] Ireland, R. D., Hitt, M. A., Camp, S. M. & Sexton, D. L. (2001). Integrating entrepreneurship and strategic management actions to create firm wealth [J]. *Academy of Management Perspectives*, 15 (1), 49 – 63.

[55] Itami, H. (1987). *Mobilizing Invisible Assets*. Cambridge, MA: Harvard University Press.

[56] Kale, E., Aknar, A. & Basar, Ö. (2019). Absorptive capacity and firm performance: the mediating role of strategic agility [J]. *International Journal of Hospitality Management*, 78, 276 – 283.

[57] Kanter, R. (1985). Supporting innovation and venture development in established companies [J]. *Journal of business venturing*, 1 (1), 47 – 60.

[58] Kaplan, R. S. & Norton, D. P. (1992). The balanced scorecard: measures that drive performance [J]. *Harvard Business Review*, 70

(1), 71 – 79.

[59] Kaplan, R. S. & Norton, D. P. (1996). *The Balanced Score-card: Translating strategy into action.* Boston: Harvard Business Press.

[60] Katzenbach, J. R. & Smith, D. K. (1993), *The Wisdom of Teams. Creating the High – Performance Organisation*, McGraw – Hill, New York, NY.

[61] Kearns, D. T. & Nadler, D. A. (1992). *Prophets in the Dark.* New York: Harper – Collins.

[62] Keijzers, G. (2002). The transition to the sustainable enterprise [J] . *Journal of Cleaner Production*, 10 (4), 349 – 359.

[63] Kidd, P. T. (1994). Agile manufacturing: forging new frontiers. *England: Addition – Wesley.*

[64] Kyongwon, P. , K. Soonkee. & K. Yoochan. (2008). How Top Managers Use Performance Measurement Systems to Improve Business Performance [J] . *Korean Journal of Accounting Research*, 17 (4), 291 – 323.

[65] Langfield – Smith, K. (1997). Management Control Systems and Strategy: A Critical Review [J] . *Accounting, Organizations and Society*, 22, 207 – 232.

[66] Leonard - Barton, D. (1992). Core capabilities and core rigidities: A paradox in managing new product development [J]. *Strategic management journal*, 13 (S1), 111 – 125.

[67] Lippman, S. & Rumelt, R. (1982). Uncertain Imitability: An Analysis of Interfirm Differences in Efficiency under Competition [J] . *Bell*

Journal of Economics, 13, 418 – 438.

［68］ Lu, Y. & Ramamurthy, K. （2011）. Understanding the link between information technology capability and organizational agility: an empirical examination ［J］. *Mis Quarterly*, 35 （4）, 931 – 954.

［69］ Lumpkin, G. T. & Dess, G. G. （1996）. Enriching the entrepreneurial orientation construct – a reply to Entrepreneurial Orientation or Pioneer Advantage ［J］. *Academy of Management. The Academy of Management Review*, 21 （3）, 605 – 607.

［70］ Martínez Sánchez, A. & Pérez Pérez, M. （2005）. Supply chain flexibility and firm performance: a conceptual model and empirical study in the automotive industry ［J］. *International Journal of Operations & Production Management*, 25 （7）, 681 – 700.

［71］ McKelvey, W. （1982）. *Organizational Systematics: Taxonomy, Evolution, and Classification.* Los Angeles: University of California Press.

［72］ Merchant, K. A. （1981）. The design of the corporate budgeting system: influences on managerial behavior and performance ［J］. *Accounting Review*, 813 – 829.

［73］ Miles, R. E. & C. C. Snow. （1978）. *Organizational Strategy, Structure and Process.* New York: McGraw – Hill.

［74］ Miller, D. （1983）. The correlates of entrepreneurship in three types of firms ［J］. *Management science*, 29 （7）, 770 – 791.

［75］ Miller, D. & P. H. Friesen. （1984）. A longitudinal study of the corporate life cycle ［J］. *Management Science*, 30 （10）, 1161 – 1183.

[76] Moores, K. & Susana, Yuen. (2001) . Management accounting systems and organizational configuration: a life – cycle perspective [J]. *Accounting, Organizations and Society*, 26 (4) , 351 – 389.

[77] Morris, M. H. (1998) . *Entrepreneurial Intensity: Sustainable Advantages for Individuals, Organisations and Societies*. Westport: Quorum Books.

[78] Morris, M. H. & Kuratko, D. F. (2002) . *Corporate entrepreneurship: Entrepreneurial development within organizations* [M]. South – Western Pub.

[79] Nagasaka, K. & Dal, G. K. (2013) . Relationship among the Usage of Performance Measure Information, Organizational Capabilities and Business Performance: Comparison with Korean and Japanese Firms [J]. *Korean Journal of Management Accounting Research*, 13 (2) , 131 – 161.

[80] Nagel, R. , Preiss, R. & Goldman, K. (1995) . *Agile competitors and virtual organizations: strategies for enriching the customer.* New York, Van Nostrand Reinhold.

[81] Neely, A. , Adams, C. & Kennerley, M. (2002) . *The Performance Prism: The Scorecard for Measuring and Managing Business Success*, London: Prentice.

[82] Otley, D. T. (1980) . The Contingency Theory of Management Accounting: Achievement and Prognosis [J] . *Accounting, Organization and Society*, 5 (4) , 413 – 428.

[83] Overby, E. , Bharadwaj, A. & Sambamurthy, V. (2006) . Enterprise agility and the enabling role of information technology [J]. *Euro-*

pean *Journal of Information Systems*, 15 (2), 120 – 131.

[84] Penrose, E. T. (1959). *The theory of Growth of the Firm*, Basil Blackwell Publisher, Oxford.

[85] Polanyi, M. (1962). *Personal Knowledge*. Chicago, IL: University of Chicago Press.

[86] Porter, M. E. (1980). *Competitive Strategy*. New York: Free Press.

[87] Powell, T. C. (1992). Organizational alignment as competitive advantage. *Strategic management journal*, 13 (2), 119 – 134.

[88] Quinn, J. B. (1985). Managing innovation: controlled chaos [J]. *Harvard business review*, 63 (3), 73 – 84.

[89] Ravichandran, T. (2018). Exploring the relationships between IT competence, innovation capacity and organizational agility [J]. *The Journal of Strategic Information Systems*, 27 (1), 22 – 42.

[90] Reid, G. C. & Smith, J. A. (2000). The impact of contingencies on management accounting system development [J]. *Management Accounting Research*, 11, 427 – 450.

[91] Ricardo, D. (1966). *Economic Essays*. New York: A. M. Kelly.

[92] Roberts, E. B. & Berry, C. A. (1985). Entering new business: Selecting strategies for success [J]. *Sloan Management Review*, *Spring*, 3 – 17.

[93] Sangwan, L. & Taejong, L. (2015). The role of MCS in relationship between environmental uncertainty, business strategy, corporate life

cycle and organizational performance: with a focus on service corporations [J]. *Korean International Accounting Review*, 62, 109 – 132.

[94] Sathe, V. (1985). Managing an entrepreneurial dilemma: Nurturing entrepreneurship and control in large corporations [J]. *Frontiers of entrepreneurship research*, 37 (2), 636 – 656.

[95] Schumpeter, J. A. (1934). *The Theory of Economic Development*. Oxford University Press: London.

[96] Sculley, J. (1987). *Pepsi to Apple: A Journey of Adventure, Ideas, and the Future*. New York: Harper & Row Publishers, Inc.

[97] Sharifi, H. & Zhang, Z. (1999). A methodology for achieving agility in manufacturing organizations: an introduction [J]. *International Journal of Production Economics*, 62 (1 – 2), 289 – 328.

[98] Sharma, P. & Chrisman, C. (2001). Determinants of Initial Satisfaction with the Succession Process in Family Firms: A Conceptual Model [J]. *Entrepreneurship Theory and Practice*, 25 (3), 17 – 35.

[99] Simons, R. (1995). *Levers of Control, How Managers Use Innovative Control Systems to Drive Strategic Renewal*. Harvard Business School Press, Boston.

[100] Skyes, H. B. (1986). The Anatomy of a Corporate Venturing Program: Factors Influencing Success. *Journal of Business Venturing*, 1 (3), 275 – 293.

[101] Smith, K. G., J. P. Guthrie. & M. J. Chen. (1989). Strategy, Size and Performance [J]. *Organization Studies*, 10 (1), 63 – 81.

[102] Soon, K. K., Gun. Y. L. & Tae, J. L. (2014). Relationship

between Business Strategy, the Usage of PMS and Organizational Capabilities [J]. *Review of Accounting and Policy Studies*, 19 (3), 1 – 26.

[103] Soon, Y. J., Kyong, W. P. & Min, S. K. (2009). The Effects of the Interactive Management Control System and Organizational Capabilities on Organizational Performance [J]. *Korean Journal of Accounting Research*, 14 (2), 201 – 226.

[104] Stevenson, H. H. & Jarillo, J. C. (1990). A Paradigm of Entrepreneurship: Entrepreneurial Management [J]. *Strategic Management Journal*, 11 (4), 17 – 27.

[105] Sung, H. S., Sang, W. L. & S. K. Kim. (2013). The Effect of Business Strategy and the Use of Budgeting Systems on Budgetary Slack Creation and Managerial Short – term Orientation [J]. *Korean Accounting Journal*, 22 (2), 239 – 269.

[106] Sung, H. S., Sung, J. S., Min, S. K. & C. M. Pyo. (2016). Relationship between the Use of Management Control System, Organizational Capabilities and Managerial Short term Orientation [J]. *Korean International Accounting Review*, 65 (2), 179 – 206.

[107] Sykes, H. B. & Block, Z. (1989). Corporate venturing obstacles: Sources and solutions [J]. *Journal of business venturing*, 4 (3), 159 – 167.

[108] Tae, H. B. & S. G. Song. (2012). The Relationship between Business Strategy, Management Innovation, Strategic Managerial Accounting System and Business Performance [J]. *Korean Accounting Journal*, 21 (1), 203 – 236.

[109] Teece, D. J., Pisano, G. & Shuen, A. (1997). Dynamic capabilities and strategic management [J]. *Strategic management journal*, 18 (7), 509 – 533.

[110] Van de Ven, A. H. & Ferry, D. L. (1980). *Measuring and assessing organizations*. John Wiley & Sons: New York.

[111] Von Hippel, E. (1977). Successful and failing internal corporate ventures: An empirical analysis [J]. *Industrial Marketing Management*, 6 (3), 163 – 174.

[112] Wetzels, M., Odekerken – Schröder, G. & Van Oppen, C. (2009). Using PLS path modeling for assessing hierarchical construct models: Guidelines and empirical illustration [J]. *MIS quarterly*, 177 – 195.

[113] Widener, S. K. (2007). An Empirical Analysis of the Levers of Control Framework [J]. *Accounting, Organizations and Society*, 32 (7 – 8), 757 – 788.

[114] Winter, S. G. (1987). Knowledge and Competence as Strategic Assets, in D. Teece (ed.) [J]. *The Competitive Challenge*. Cambridge, MA: Ballinger, 159 – 184.

[115] Yoo, Y. & Alavi, M. (2001). Media and group cohesion: Relative influences on social presence, task participation, and group consensus [J]. *MIS quarterly*, 25, 371 – 390.

[116] Young, S. M. & Selto, F. H. (1991). New manufacturing practices and cost management: a review of the literature and directions for research [J]. *Journal of Accounting Literature*, 10 (1991), 265 – 298.

[117] Zahra, S. A. (1991). Predictors and Financial Outcomes of

Corporate Entrepreneurship: An Exploratory Study [J]. *Journal of Business Venturing*, 6 (4), 259 – 285.

[118] Zahra, S. & Covin, J. G. (1995) . Contextual Influences on the Corporate Entrepreneurship – Performance: A Longitudinal Analysis [J]. *Journal of Business Venturing*, 10, 43 – 58.

[119] Zahra, S. A., Nielsen, A. P. & Bogner, W. C. (1999) . Corporate Entrepreneurship, Knowledge, and Competence Development [J] . *Entrepreneurship Theory and Practice*, (4), 169 – 189.

[120] Zucker, L. (1977) . The Role of Institutionalization in Cultural Persistence [J] . *American Sociological Review*, 42, 726 – 743.

问卷调查（秘）

本次问卷调查的内容根据韩国统计法第 8 条将严格保密，不会用于任何商业目的。

尊敬的先生/女士：您好！

感谢您亲启此调研问卷。为了进一步助推企业高质量发展，促进企业商业模式创新，本问卷旨在了解企业在经营实践中，特别是当代信息时代，企业管理控制系统的应用情况。恳请您仔细阅读每一题目，并根据贵企业的实际情况逐一填答。

您填答的问卷我们将严格保密，不会用于任何商业目的，所收集的数据信息仅供学术研究之用，绝不向外界公开。本问卷采用匿名形式，请您放心并尽可能客观回答，切勿遗漏任何一题。

问卷填答大约需要 15 分钟，如若有疑问，请用下面的邮箱地址和电话号码联络我们。再次感谢您对本研究的支持！

研究者：张璐（韩国庆尚大学 会计系）

联系方式：010 - 5519 - 6686

E - mail：zlaeine@ naver. com

FAX：055 - 772 - 1559

地址：庆南晋州市 晋州大路 501 庆尚大学 经营学院会计系

第一部分：1. 以下是您对贵公司的战略的描述，请在 1 ~ 7 之间勾选与您平时想法最一致的一项。其中：1 表示非常不同意，7 表示非常同意。

问项	非常不同意	不同意	有些不同意	一般	有些同意	同意	非常同意
1. 我们公司比其他公司在寻找新的流通渠道上奉献心力。	①	②	③	④	⑤	⑥	⑦
2. 我们公司的战略重视发现新市场机会。	①	②	③	④	⑤	⑥	⑦
3. 我们公司具备发挥创意和激发创新的良好条件。	①	②	③	④	⑤	⑥	⑦
4. 我们公司重视供应商供应产品的效率性。	①	②	③	④	⑤	⑥	⑦
5. 我们公司关注现有的创新活动。	①	②	③	④	⑤	⑥	⑦
6. 我们公司比起产品研发更重视现有产品的稳定供给。	①	②	③	④	⑤	⑥	⑦

2. 以下是您对贵公司绩效评价系统和预算使用情况的描述，请在 1 ~ 7 之间勾选与您平时想法最一致的一项。其中：1 表示非常不同意，

7 表示非常同意。

	问项	非常 不同意	不同意	有些 不同意	一般	有些 同意	同意	非常 同意
交互绩效评价系统	会议中高层管理者和各部门的负责人及下属员工之间进行沟通时,管理者会采用绩效评价系统（或 KPI,绩效评价指标）。	①	②	③	④	⑤	⑥	⑦
	针对行动方案、预测事项以及根本性的经营问题进行讨论及商议时,管理者会采用绩效评价系统（或 KPI,绩效评价指标）。	①	②	③	④	⑤	⑥	⑦
	在目标设定、统一企业内部的经营使命和经营理念时,管理者会采用绩效评价系统（或 KPI,绩效评价指标）。	①	②	③	④	⑤	⑥	⑦
	为了把组织的注意力集中到成功的重要因素,管理者会采用绩效评价系统（或 KPI,绩效评价指标）。	①	②	③	④	⑤	⑥	⑦
	在创造企业内部的共同语言时,管理者会采用绩效评价系统（或 KPI,绩效评价指标）。	①	②	③	④	⑤	⑥	⑦

	问项	非常 不同意	不同意	有些 不同意	一般	有些 同意	同意	非常 同意
交互预算系统	管理者把预算信息作为核查、讨论部门经理持续的决策与行动的手段。	①	②	③	④	⑤	⑥	⑦
	因预算的程序（编制、实施）是日常的，得到现职管理人员的持续关心。	①	②	③	④	⑤	⑥	⑦
	管理者在与同事和各部门领导沟通时使用预算信息。	①	②	③	④	⑤	⑥	⑦

3. 以下是您对贵公司组织能力（企业家精神和组织敏捷性）的描述，请在 1~7 之间勾选与您平时想法最一致的一项。其中：1 表示非常不同意，7 表示非常同意。

	问项	非常 不同意	不同意	有些 不同意	一般	有些 同意	同意	非常 同意
企业家精神	为了达成战略目标，在我们公司全公司范围或大范围的活动是必需的。	①	②	③	④	⑤	⑥	⑦
	我们公司有强烈推进高风险项目的价值取向。	①	②	③	④	⑤	⑥	⑦
	我们公司针对产品作出全新的改变。	①	②	③	④	⑤	⑥	⑦
	我们公司具备新产品生产线。	①	②	③	④	⑤	⑥	⑦

	问项	非常不同意	不同意	有些不同意	一般	有些同意	同意	非常同意
企业家精神	我们公司在引进新产品、新技术上是行业领军者。	①	②	③	④	⑤	⑥	⑦
	我们公司对竞争对手表现出争胜的姿态。	①	②	③	④	⑤	⑥	⑦
组织敏捷性	我们公司系统可以提供详尽、可靠的实时市场数据。	①	②	③	④	⑤	⑥	⑦
	我们公司总是先于竞争对手发现和利用市场的变化。	①	②	③	④	⑤	⑥	⑦
	我们公司各阶层各部门的人员对局势都有共同的理解。	①	②	③	④	⑤	⑥	⑦
	我们公司每个人都明白发展目标是什么，每个人都有责任达成目标。	①	②	③	④	⑤	⑥	⑦
	我们公司没有被大量的关键绩效指标和发展目标压倒。	①	②	③	④	⑤	⑥	⑦
	我们公司能够吸引、留住、奖励积极进取的管理人员。	①	②	③	④	⑤	⑥	⑦
	即使在经济繁荣时期，我们公司也保持着创业时的紧迫感。	①	②	③	④	⑤	⑥	⑦

续表

	问项	非常 不同意	不同意	有些 不同意	一般	有些 同意	同意	非常 同意
组织敏捷性	管理人员敢于坦承错误，退出不成功的业务时不会犹豫。	①	②	③	④	⑤	⑥	⑦
	高管层能系统地重新配置各部门的资金和顶尖管理人才。	①	②	③	④	⑤	⑥	⑦
	当机会出现时，高管层有勇气抓住这些重要机会。	①	②	③	④	⑤	⑥	⑦

4. 以下是您对贵公司财务业绩达成情况的描述，请在 1～7 之间勾选与您平时想法最一致的一项。其中：1 表示相当低，7 表示相当高。

问项	相当低	低	有些低	一般	有些高	高	相当高
1. 相比竞争企业的销售额增长率	①	②	③	④	⑤	⑥	⑦
2. 相比竞争企业的营业利润率	①	②	③	④	⑤	⑥	⑦
3. 相比竞争企业的本期净利润	①	②	③	④	⑤	⑥	⑦
4. 相比竞争企业的资产收益率（ROA）	①	②	③	④	⑤	⑥	⑦

第二部分：以下是您对您自己的基本信息的陈述，请如实回答。

1. 您目前的岗位（　　）。

A. 组长　　B. 部门经理　　C. 副总经理　　D. 总经理或董事长

2. 您目前所在的职能部门（　　）。

A. 会计/财务　　　　B. 总务人事　　　　C. 企划

D. 销售/营业部　　　E. 其他